KARSTEN ZANG
MIT BORIS GEORGIEV UND AXEL KIESBYE

CRAFT BEER

Feinste Braukunst mit Hand und Herz

DELIUS KLASING VERLAG

99 What the craft scene
did was put the flavor
back in the beer.**"**

Die Autoren

BORIS GEORGIEV ist Chefredakteur des *Craftbeer-Magazins*. Er hat mittlerweile über 4000 Biersorten probiert. Boris ist Inhaber der wohl kleinsten gewerblichen Brauerei Deutschlands, gibt Braukurse und veranstaltet Tastings.

AXEL KIESBYE ist Dipl.-Brauingenieur. Der gebürtige Dortmunder ist Initiator der weltweiten Biersommelierbewegung. Er war über 20 Jahre Braumeister und betreibt seit 2011 Kiesbye's Bierkulturhaus. Dort führt er High-End-Fortbildungen durch (u. a. Sommelierkurse, Craft-Beer-Symposien und Biergastrochecks) und produziert und vertreibt eine eigene Craft-Beer-Marke.

KARSTEN ZANG ist studierter Kultur- und Literaturwissenschaftler. Wenn er nicht gerade neue Biersorten probiert, schreibt er über Gott und die Welt, über Filme, Musik und übers Bier.

Vorwort

Ich gebe zu, ich war ein zufriedener Biertrinker, denn ich wusste nicht, dass mir etwas fehlte. Supermarktbier für den Alltag, und wenn es mal ein bisschen besser sein sollte, ein fränkisches, von Faust oder Göller Urstoff, und die Welt war in Ordnung. Dann kam mein erstes Craft Beer, ein India Pale Ale. Plötzlich Aromen im Überfluss. Fruchtig, blumig, üppig. Wo kommt das denn her? Dann ein Stout. Espresso, Tabak, Lakritz, die Assoziationen laufen heiß. Das ist alles möglich, nur mit Gerste, Hopfen und Hefe? Dann die Kreativbiere. Vielfalt, Dynamik. Bier mit Gewürzen, Orangenschalen, Vanille, Salz. Plötzlich Biere, die nicht mit dem Reinheitsgebot konform gehen und trotzdem fantastisch schmecken. Wurden wir davor nicht jahrzehntelang gewarnt? Hieß es nicht immer, ohne Gebot drohten uns nur suppige Chemiebiere, drohe der Untergang des deutschen Biers? Die weltweite Craft-Bewegung beweist gerade das Gegenteil.

Seitdem hat sich mein Blick auf Bier verändert. Es ist wie die Einführung des Farbfernsehens. Klar, schwarzweiß geht immer noch, aber es fühlt sich an wie ein Rückschritt, wie zweidimensional in einer dreidimensionalen Welt. Willkommen im Reich des Craft Beers!

„Craft" bedeutet Bier mit Charakter. Brauer, die kreativ sind. Wenn man sich näher mit dem Thema beschäftigt, muss man sich erst einmal von einigen Klischees verabschieden. Zum Beispiel ist Craft nicht immer India Pale Ale (IPA), und nicht jedes IPA ist Craft. Geschmacksintensiv ist nicht gleichbedeutend mit gut. Nicht alle Craft-Brauer stehen tätowiert und vollbärtig an offenen Bottichen, obwohl es die natürlich auch gibt. Aber Craft bedeutet nicht zwingend klein. Die Liebe zum Bier nimmt ja nicht automatisch mit der Größe des Sudes ab. Worauf es ankommt, ist die Leidenschaft und die Lust, Neues auszuprobieren, unkonventionelle Wege einzuschlagen, Risiken einzugehen. Auszuloten, was man aus Bier machen kann. Und natürlich das Produkt. Biere mit Charakter, die nicht immer jedem gefallen.

Tatsache ist: Die Akteure, die Craft-Brauer – egal ob in einer kleinen Mikrobrauerei oder in einer Großbrauerei – verändern gerade die Bierwelt und Bierkultur nachhaltig. Noch steht Deutschland am Anfang dieser Veränderung, sie läuft hier nicht ohne Grund deutlich später und langsamer an als anderswo. Diese Bewegung hat es nun zuletzt auch bei uns geschafft, das ausgesprochen konservativ behütete Thema Bier zu beleben, zu öffnen. Was uns fehlte, war nicht unbedingt gutes Bier, sondern ein Bewusstsein und eine Wertschätzung der Vielfalt des Bieres. Von dieser Veränderung profitieren alle, auch die alteingesessenen Traditionsbrauereien.

Die Craft-Brauer beweisen eindrucksvoll, dass die Möglichkeiten noch lange nicht erschöpft sind. Und dabei ist es am Ende immer nur: Bier. Hopfen, Malz, Hefe, Wasser, natürliche Zutaten. Und ein bisschen Zauberei. Denn darauf kommt's an.

Inhalt

Bierempfehlungen

Das Motto von „Brauprojekt" kann stellvertretend für
die ganze Craft-Szene verstanden werden.

Die Craft-Bewegung

EINE REVOLUTIONÄRE BIER-GESCHICHTE

Aus deutscher Sicht ist Craft
noch ein recht junges Phänomen,
das sich bei uns erst seit 2013
wirklich bemerkbar macht.
Tatsächlich aber ist die
Craft-Beer-Bewegung fast
schon ein alter Hut. Sie begann
in den 1970er-Jahren in den USA,
ausgelöst von einem Mangel an
qualitativ hochwertigen Bieren,
und breitete sich seitdem global
aus. Wie kam es dazu?

Jack McAuliffe war Begründer der New Albion Brewing Company, der vielleicht ersten Craft-Brauerei überhaupt.

Rückblende: 1933 beendeten die Amerikaner die Prohibition, der Verkauf von Alkohol wurde wieder legal. Die strenge Regulierung des Biermarktes durch die amerikanische Regierung begünstigte in den Folgejahren vor allem die Großbrauer, deshalb dünnte sich der Markt immer mehr aus zugunsten der Branchenriesen (Anheuser-Busch, Miller, Coors). Mit der Brauereienvielfalt verschwand auch der Geschmack aus den amerikanischen Bieren, und irgendwann blieb nur noch dünnes Lager übrig. Wer einmal das amerikanische Budweiser getrunken hat (nicht zu verwechseln mit dem tschechischen Budweiser!), weiß, wie schlimm es um das amerikanische Bier stand. Nicht gewillt, sich mit dem Elend abzufinden, begehrten in den 1970er-Jahren erste Bierfans auf und begannen, in Kellern und Garagen ihr eigenes Bier zu brauen. Dabei ging es um Geschmack und Charakter, aber auch um vergessene Traditionen. Alte Bierstile wie India Pale Ale oder Stout erwachten zu neuem Leben.

1976 gründete Jack McAuliffe im kalifornischen Sonoma die New Albion Brewing Company, die als erste Craft-Brauerei der Welt in die Geschichte einging. Sie bestand bis 1982, dann musste sie wegen mangelnder Profitabilität schließen. Trotz der wirtschaftlichen Probleme, die McAuliffe zum Aufgeben zwangen, wurde die New Albion Brewing Company mit ihren Bieren und ihrer Firmenphilosophie zum Vorbild für die zahlreichen Mikrobrauereien, die in den Folgejahren entstanden.

Einen entscheidenden Schub erhielt die Craft-Bewegung 1979. US-Präsident Jimmy Carter deregulierte den amerikanischen Biermarkt wieder, indem er das „homebrewing" legalisierte – zunächst nur für den Eigenverbauch. Anschließend genehmigten mehr und mehr Bundesstaaten sogenannte Brewpubs, also Kleinbrauereien mit eigenem Ausschank – oder je nach Betrachtungsweise Bars mit eigener Brauerei. So kehrte sich der negative Trend allmählich um, und die Anzahl der Braustätten in den USA wuchs wieder, bis in den 1990er-Jahren dann ihre Zahl regelrecht explodierte. Gab es 1988 rund 200 Brauereien in den USA, so waren es zehn Jahre später etwa 1300!

Gut sortierte Händler wie P+M Getränke in Bad Godesberg tragen mit ihrem Angebot und einer fundierten Beratung zum Umdenken beim Konsumenten bei.

Die Vielfalt der Flaschenformen (links).
Viele erstklassige „Vintage-Biere" kommen wie
edle Whiskys daher und klingen auch so. Hier das
auf 1000 Flaschen limitierte „Van Pouck Stout 2015"
in Fassstärke aus dem „Cognac Barrel".

CRAFT ODER NICHT CRAFT?

Auch bei den Craft-Brauereien machte sich langfristig ein Konzentrationsprozess bemerkbar, und natürlich kauften sich auch die Branchenriesen ein, wo immer es möglich war. Aber das Wachstum der Bewegung blieb bis heute ungebremst.

Mittlerweile gehören solche Craft-Urgesteine wie Redhook, Widmer Brothers und Kona zur Craft Brew Alliance, der neuntgrößten Brauerei in den USA. Das provoziert auch Kritik: Nicht nur aufgrund der enormen Größe der Alliance wird die Eigenbezeichnung „Craft" von vielen als irreführend betrachtet, sondern auch, weil der Gigant Anheuser-Busch über 30 Prozent Anteile an der Craft Brew Alliance hält – damit wird die für eine Craft-Brauerei zulässige Marke von maximal 25 Prozent Konzernanteilen überschritten. So zumindest definiert es die Brewers Association, die Vereinigung der amerikanischen Craft-Brauer.

Zählt man alle Brauer der USA zusammen, inklusive der Mikrobrauereien und Brewpubs, dann hat sich ihre Zahl in den vergangenen fünf Jahren beinahe verdoppelt auf über 4000. Besonders das Jahr 2014 kann als bisheriger Höhepunkt der Craft-Bewegung betrachtet werden, denn nie zuvor sind so viele Braustätten neu gegründet worden. Neben 635 Mikrobrauereien eröffneten allein in diesem Jahr weitere 249 Brewpubs in den USA. Und sie scheinen erfolgreich zu sein, denn die Zahl der registrierten Schließungen ist im gleichen Zeitraum nicht signifikant gestiegen.

2015 verzeichnete die Brewers Association insgesamt 2397 Mikrobrauereien, 1650 Brewpubs und 178 regionale Craft-Brauereien in den USA. Die Gesamtzahl der US-amerikanischen Braustätten wird mittlerweile auf 4269 geschätzt. Und nicht nur die Anzahl der Brauereien wächst stetig, sondern auch ihr Ausstoß. Der verzeichnet seit acht Jahren kontinuierlich zweistellige Wachstumsraten, während der Gesamtausstoß aller Brauer stagniert. Die amerikanischen Craft-Brauer erreichen heute immerhin einen Marktanteil von 12 Prozent.

DIE CAMPAIGN FOR REAL ALE (CAMRA)

Parallel zur amerikanischen Craft-Bewegung formierte sich in Großbritannien in den 1970er-Jahren eine Kampagne zum Erhalt der Real Ales, CAMRA. Der Begriff „Real Ale" bezeichnet weniger eine Biersorte als die Art ihrer Herstellung. Real Ales sind Biere, die nach traditioneller britischer Brauweise hergestellt werden, das heißt, sie sind nicht filtriert oder pasteurisiert und reifen daher im Fass weiter. Da ihnen die Verdrängung durch die haltbar gemachten Flaschenbiere drohte, begründeten Anhänger dieser „lebendigen" Biere eine erfolgreiche Kampagne, die bis heute fortgeführt wird und die durch die Craft-Bewegung zusätzlichen Schwung bekam. Man könnte sie als Schwester der Craft-Bewegung bezeichnen, auch wenn sie sich ausdrücklich auf die Tradition der Real Ales konzentriert. Anfangs nur eine Initiative einer kleinen Gruppe, wuchs CAMRA schnell und zählt heute über 180 000 Mitglieder. Zu ihren erklärten Zielen gehören nicht nur die Verbesserung der Bierqualität und die Bewahrung seiner Natürlichkeit, sondern auch der Erhalt der sozialen Kultur mit Pubs und unabhängigen Brauereien.

CRAFT INTERNATIONAL

Spätestens seit den 2000er-Jahren verbreitet sich die Craft-Bewegung global. Sie bewegt nicht nur traditionelle Biernationen wie Südafrika, Belgien, die USA oder Großbritannien, sondern „infiziert" auch Länder, in denen Bier bislang nur eine geringe Rolle spielte, wie zum Beispiel Italien oder Frankreich. Weltweit gibt es mittlerweile über 10 000 Craft-Brauereien. Europas größte Biernation, Deutschland, hinkt dagegen auffallend hinterher.

DEUTSCHLAND VOR CRAFT

In der Nachkriegszeit gab es auch bei uns eine immer stärker werdende Tendenz in Richtung eines einheitlich milden Pilsgeschmacks. Die Dominanz des milden Pils und die Konzentrationsprozesse auf dem Biermarkt, der von immer weniger Brauereien bestimmt wurde, führten zur fortschreitenden Verdrängung anderer Sorten und Geschmäcke. Zwar kam es nicht zu einem Geschmacksverfall auf dem Niveau der amerikanischen Lager-Biere von Anheuser-Busch oder Miller, dennoch prägte auch die deutschen Supermarktbiere zunehmend eine Austauschbarkeit, die weit entfernt ist von der Geschmacksvielfalt von einst.

Ludwig Narziß, Professor für Brauwissenschaft an der Technischen Universität München: „Es gab früher in Bayern eine Reihe von Exportbieren, die hatten ungefähr 12,8 Prozent Stammwürze, hatten aber auch 36 Bittereinheiten, mehr als die Pils-Biere heute. Das waren wunderbare, sehr elegante Biere. Bis in die fünfziger Jahre hinein gab es in Bayern ja noch kein Pils."

In den 1990er-Jahren traten die sogenannten Fernsehbiere ihren Siegeszug an: Beck's, Warsteiner, Radeberger & Co. Viele markante und regionale Biersorten verschwanden währenddessen vom Markt und damit auch aus dem geschmacklichen Gedächtnis der deutschen Biertrinker.

Dass dennoch keine Revolutionsstimmung aufkam, verdanken wir wohl einer Mischung aus Tatsachen und Illusionen. Selbst in den Zeiten des großen Brauereisterbens hat sich in Deutschland eine sehr hohe Zahl an Brauereien erhalten, von denen die Mehrzahl klein bis mittelgroß ist und sich oft in Familienbesitz befindet. Diesen Unternehmen gelang es, der wachsenden Marktdominanz der Konzerne zu trotzen und sich als regionale Alternative zu den großen Marken zu bewähren. Zwar beschränkten sich die allermeisten deutschen Brauer auf wenige, immer gleiche Bierstile wie Pils, Helles, Weizenbier, Kölsch oder Alt, doch kam es nie zu einem Qualitätsverfall wie in den USA. Ein Grund mag in der hohen Professionalisierung liegen, der deutsche Brauer ihr Renommee verdanken. Manche sagen, die Professionalisierung begünstigte allerdings auch den vorherrschenden Konservatismus. Bier in Deutschland ist eben eine ernste Angelegenheit. Damit durfte lange nicht experimentiert werden, aber man betrieb eben auch kein Schindluder. Letzteres dürfte eines der Verdienste des Reinheitsgebotes sein, das die Verwendung teurer Rohstoffe vorschreibt und billigere Ersatzstoffe verbietet.

Lange war man sehr, sehr stolz darauf und – hier kommt die Illusion ins Spiel – vergaß darüber leider auch, dass eine lebendige Bierkultur nicht nur Qualitätsbewusstsein, sondern auch Sortenvielfalt und Kreativität braucht. Man ruhte sich auf den Lorbeeren aus und neigte teilweise sogar dazu, Veränderung als Frevel zu betrachten. Das deutsche Bier sollte so bleiben, wie es ist, und zwar für immer!

Geschätzt wird deutsches Bier weltweit, daran besteht kein Zweifel. Aber in die Wertschätzung mischt sich zunehmend auch Kritik: Deutsches Bier ist sehr hochwertig, aber manchen gilt es mittlerweile auch als langweilig. Experimentierfreude gehörte nicht zu den Stärken deutscher Brauer, deshalb waren von deutschem Bier auch keine Überraschungen zu erwarten – weder positive noch negative.

Wenn man die Craft-Szene dagegen betrachtet, fällt auf, dass sie nicht nur von professionell ausgebildeten Braumeistern, sondern auch von Autodidakten geprägt wird, die sich von Regeln und Traditionen nicht beschränken lassen. Und genau da liegt die Schwäche der deutschen Bierlandschaft. Die Bereitschaft, Bier auch einmal neu zu denken, kreativ zu experimentieren, Dinge einfach mal anders zu machen, fehlte lange. Dem deutschen Bier mangelte es nie an Qualität, wohl aber an Vielfalt. Und genau das ändert sich nun!

WAS IST „CRAFT"?

„Craft" ist ein Begriff, der von vielen sehr unterschiedlich definiert wird. Trotzdem ist er sehr nützlich und praktisch, denn er transportiert vor allem eine Idee: Brauen als Handwerkskunst. Das englische Wort „Craft" bedeutet „Handwerk", und deshalb verstehe ich unter „Craft Beer" auch nicht „Bier aus einer Mikrobrauerei", oder „IPA und all die anderen für uns neuen Stile", sondern Bier, das nach einem bestimmten Handwerksverständnis gebraut wurde. Das kann ein IPA aus einer Mikrobrauerei oder ein Kellerbier einer fränkischen Familienbrauerei mit 300-jähriger Tradition sein. Es geht bei dem Thema um Braumeister, die mit dem Anspruch arbeiten, ein besonderes Bier zu brauen. „Besonders"

ist nicht gleichbedeutend mit „intensiv" oder „unkonventionell", aber zu diesem Thema erzählt Sven Förster, ein ausgewiesener Kenner der deutschen Traditionsbrauereien, später mehr.

Eine klare Trennlinie zwischen den Jungbrauern der Craft-Bewegung und den Traditionsbrauern lässt sich aus dieser Perspektive nicht ziehen. „Craft" bezeichnet sowohl eine Haltung des Brauers als auch eine besondere Qualität seines Produktes. „Craft" kann sogar auch das Bier eines Konzerns sein. Unabhängigkeit wird zwar oft als Kriterium angeführt, das Craft-Brauer erfüllen müssen, aber wie definiert man sie? Auch Kleinbrauer müssen wirtschaftlich arbeiten, wollen sie von ihrer Arbeit leben. Großbrauereien wie Bitburger und Radeberger haben mit Craftwerk und BraufactuM eigene Craft-Labels und Ableger etabliert, die jeder kritischen Prüfung standhalten. Und im Gegensatz zu den Mikrobrauern verfügen diese Craft-Ableger der Großen über genügend Ressourcen im Marketing und Vertrieb, um die Craft-Sache voranzubringen, um Aufmerksamkeit zu erzeugen und um den Markt zu öffnen. Davon profitieren dann auch die Kleinen.

Ein grundsätzlicher Unterschied lässt sich dennoch erkennen: Die meisten Craft-Brauer lehnen eine geschmackliche Nivellierung ab, sie betrachten Bier eher als lebendiges Produkt, das sich auch noch während der Lagerung verändern kann. Die traditionellen deutschen Brauereien hingegen tendieren eher zu den filtrierten, pasteurisierten Bieren, die geschmacklich stabiler, aber auch einheitlicher daherkommen.

MIKRO GLEICH CRAFT?

Viele denken, Craft ist gleichbedeutend mit Mikrobrauerei. Doch blickt man ins Mutterland der Craft-Bewegung, wird man schnell eines Besseren belehrt. Auf Rang eins der amerikanischen Craft-Brauereien steht derzeit D. G. Yuengling & Son in Pottsville, Pennsylvania.

Sie ist die älteste amerikanische Brauerei (gegründet 1829) und hat mit einem sagenhaften Ausstoß von fast fünf Millionen Hektolitern pro Jahr zuletzt die Boston Beer Company überholt und rangiert insgesamt als viertgrößte Brauerei der USA hinter Anheuser-Busch InBev, Miller und Pabst! Und noch mehr: Yuengling ist die neuntgrößte Brauerei der Welt. Und sie gilt dennoch als Craft-Brauerei!

Letztlich ist alles eine Frage der Perspektive: Verglichen mit dem Marktführer Anheuser-Buch InBev und seinen rund 411 Millionen Hektolitern (vor der Übernahme von SAB Miller) ist Yuengling ein Zwerg. Ein Zwerg allerdings in der Größe des deutschen Giganten Beck's – die größte deutsche Brauerei erreicht einen Jahresausstoß von circa 5,5 Millionen Hektolitern und liegt damit nur knapp vor Yuengling. Kategorien wie groß und klein sind also immer auch relativ und helfen beim Craft-Thema nur bedingt weiter.

DEFINITIONSVERSUCHE

Die Vereinigung der amerikanischen Craft-Brauer, die Brewers Association, definiert den Begriff „Craft" aus amerikanischer Sicht so: klein, unabhängig und traditionell. „Klein" bedeutet einen Jahresausstoß von weniger als sechs Millionen Barrels (ca. 704 Millionen Liter). „Unabhängig" besagt, dass maximal 25 Prozent Anteile von einem industriellen Unternehmen gehalten werden dürfen, das selbst keine Craft-Brauerei ist. „Traditionell" heißt im Prinzip, dass der Biergeschmack nur durch Verwendung natürlicher Zutaten und deren Fermentierung erzeugt wird. Aromatisierte Malzgetränke werden ausdrücklich ausgeschlossen.

STEAMWORKS

KILLER CUCUMBER ALE

Gurken im Bier? Keine schlechte Idee, wie das Killer Cucumber Ale von Steamworks beweist. Ein frisches Sommerbier mit hoher Drinkability.

MALZ	●●●●○
AROMA	●●●○○
BITTERE	●●○○○
HEFE	●○○○○

BIERGATTUNG: Ale (Sommerbier)
GÄRUNG: obergärig
ALKOHOLGEHALT: 4,70 % vol.
STAMMWÜRZE: 11,40° Plato
IBU: 25

Zutaten: Wasser, Gerstenmalz (2-Row, Wheat), Weizenmalz, Gurken, Hopfen (Magnum, Cascade), Hefe

Pizza Port Brewing aus San Diego beim Tap-Takeover. Es gibt keine besseren Gelegenheit als diese Events, um die neuesten Sude internationaler Brauer zu probieren.

Als weitere Merkmale werden genannt: die Bereitschaft zur Innovation, zum sozialen und kulturellen Engagement und zur direkten Interaktion mit den Kunden.

Der deutsche Verband Privater Brauer definiert Craft ganz ähnlich: Craft Beer ist Charakterbier. Die Rohstoffe sind auch sensorisch erkennbar und ihre Herkunft ist bekannt. Der Brauprozess ist nicht geprägt von Rationalisierung, sondern von handwerklichen Ansätzen, die auf einen eigenständigen Geschmack abzielen. Unabhängigkeit und Regionalität sind weitere prägende Eigenschaften. Unabhängigkeit bedeutet hier freies Denken, frei von den Zwängen und Einschränkungen des Massenmarktes. Die Notwendigkeit kurzer Vertriebswege und fachkundiger Händler wird besonders betont, denn zu den Eigenschaften des Craft Beers gehört nämlich nicht die optimierte Haltbarkeit im Regal. Wichtig ist auch, dass der Brauer ein Gesicht hat. Als Fazit folgert der Verband:

Craft Beer schmeckt, aber nicht jedem!

Thomas Görtz, Inhaber von P+M Getränke in Bad Goderberg, verzichtet in seinem Sortiment schon lange auf groß beworbene „Fernsehbiere", deren Augenmerk immer noch darauf liegt, den größten Ausstoß zu generieren. Den Einheitsgeschmack, der dabei herauskommt, bekämpft er mit seinem Fokus auf traditionelle Privatbrauereien und Craft-Brauern.

Weltproduktion in Zahlen

Über die Anzahl der Brauereien und Braustätten der jeweiligen Länder gibt es unterschiedliche Statistiken, die sich nicht immer einig sind. Laut Deutschem Brauer-Bund gibt es in Deutschland 2016 genau 1388 Brauereien, das heißt, in den vergangenen zehn Jahren sind über 100 neue Brauereien dazugekommen. Etwa die Hälfte der deutschen Brauereien fällt unter die Kategorie Mikrobrauerei, das heißt, ihr Jahresausstoß liegt bei maximal 1000 Hektolitern. 626 der 1388 Braustätten befinden sich in Bayern, 190 in Baden-Württemberg und 125 in NRW. Die Region Berlin-Brandenburg kommt auf 62. Mit einer Gesamtmenge von 95 Millionen Hektolitern ist Deutschland die führende Biernation in Europa, allerdings verfügt Großbritannien über deutlich mehr Brauereien (1700 sollen es laut einer Studie im Jahr 2016 sein).

Im weltweiten Vergleich steht Deutschland mit 95 Millionen Hektolitern auf Rang vier der Biernationen, hinter China (506 Mio. hl), den USA (224 Mio. hl) und Brasilien (135 Mio. hl).

Einer Statistik von Forbes aus dem Jahr 2015 zufolge verfügt die USA mit 4000 Craft-Brauern über die größte Vielfalt an Braustätten, gefolgt von Großbritannien (723), Frankreich (654), Italien (600), Russland (561), Kanada (483) und der Schweiz (396). Erst dann folgt Deutschland mit geschätzten 307 Craft-Brauereien. Natürlich sind diese Zahlen mit Vorsicht zu genießen, da es keine einheitliche Definition dessen gibt, was eine Craft-Brauerei ausmacht. Aber sie machen deutlich, wie sehr Deutschland in Sachen Craft Beer hinterherhinkt. Selbst in traditionellen Wein-Nationen wie Italien oder Frankreich hat sich da bislang sehr viel mehr bewegt.

Die Craft-Szene heute

IM AUFSCHWUNG

VON BORIS GEORGIEV

Mittlerweile liegt der Marktanteil der Craft-Brauer bei etwa 13 Prozent. Je nach Quelle verbrauchen diese 13 Prozent zwischen 25 und 40 Prozent des Hopfens, was schon sehr deutlich zeigt, in welche Richtung die meisten Biere tendieren. Die Technik des Nachhopfens (Hopfen wird nach der Gärung in den Tank gelegt und dort für mehrere Tage belassen, um die ganz feinen Aromanoten ins Bier zu bekommen) ist bei den meisten Bieren Standard. Auch wenn Lager und Sauerbiere groß im Kommen sind, bleiben Pale Ales und India Pale Ales die beliebtesten Spielwiesen.

> **„** Man braut miteinander, aber man hilft sich auch. Sei es mit Rohstoffen, weil ein Hopfen nicht mehr am Markt erhältlich ist, aber die befreundete Brauerei noch etwas davon hat, sei es mit Know-how oder dem Zurverfügungstellen der Anlage."

Längst hat die Craft-Bewegung auch den europäischen Markt umgekrempelt. Den Anfang machten Großbritannien und Skandinavien. Die schottische Brauerei BrewDog wurde 2007 von den Freunden James Watt und Martin Dickie als Zwei-Mann-Betrieb gegründet. Seitdem ist sie das am schnellsten wachsende Lebensmittelunternehmen Großbritanniens. Die neuen Sudhäuser können gar nicht so schnell gebaut werden, wie sie schon wieder zu klein sind. Und zu zweit sind die Gründer auch nicht mehr. Als erste europäische Craft-Beer-Brauerei haben sie einen Ableger in den USA gebaut, zudem gibt es diverse BrewDog-Bars rund um die Welt, zum Beispiel in São Paulo, Barcelona, Helsinki und in Berlin. Andersherum haben die Gründer der amerikanischen Stone Brewing Company, Greg Koch und Steve Wagner, 2016 in Berlin die erste Brauerei einer US-Craft-Beer-Company in Europa eröffnet. Für circa 30 Millionen Dollar wurde ein altes Gaswerk umgebaut, das in der Haupthalle Platz für Hunderte Gäste bietet. Die können durch eine Glasfront die 100-Hektoliter-Anlage sehen, von der aus Europa mit den Bieren von Stone versorgt wird.

Die zahlreichen Gründernamen zeigen bereits etwas Entscheidendes, was Craft Beer ausmacht: Es sind keine anonymen Brauer, die dort ihre Arbeit verrichten. Dem Braumeister eines Großkonzerns dürfte es relativ egal sein, ob er für die Firma A oder die Firma B tätig ist. Er macht halt seinen Job. Craft-Beer-Brauereien sind fast immer mit Namen verknüpft. Fritz Maytag mit Anchor, Jim Koch mit Samuel Adams, Greg Koch mit Stone. Auch hierzulande ist das nicht anders. Alexander Himburg und Braukunstkeller sind ebenso eine Einheit wie Oliver Wesseloh und die Kehrwieder Kreativbrauerei oder Thorsten Schoppe mit seinem Schoppe Bräu. Die US-Definition von Craft Beer lässt sich nicht auf den europäischen Kontinent oder Deutschland übertragen, weil sie auch die Ausstoßmenge beinhaltet. Die ist derart hoch, dass jede deutsche Brauerei eine Craft-Brauerei wäre. Nun muss man sich die Frage stellen, ob eine Brauerei, deren Ausstoß höher ist als der jeder deutschen, noch eine Craft-Beer-Brauerei sein kann. Ja, kann sie: Denn die Grundsätze werden dennoch beibehalten. Nur natürliche Zutaten von hoher Qualität. Kein Reis oder Mais, die billiger sind als Gerste und Weizen. Keine künstlichen Zusatzstoffe oder Konservierungsmittel, keine Enzyme. Hierzulande ist es durchaus üblich und sogar konform mit dem „Reinheitsgebot", dass obergärige Biere mit Zuckercouleur gefärbt werden. So kann man ohne viel Aufwand aus einem hellen noch ein braunes und ein dunkles Bier machen. Auf so eine Idee würde ein Craft-Beer-Brauer gar nicht kommen – schließlich gibt es ja dunkle Malze für dunkle Biere, die zudem natürlich viel mehr Aromen mitbringen als Zuckercouleur. Aber halt auch mehr kosten.

Jimmy's No. 43 ist *die* Institution in New York in Sachen Craft Beer mit vielen lokalen Bieren „on tap". Hieran nehmen sich auch viele neue Tap Bars hierzulande ein Beispiel und zelebrieren die Idee „drink local".

Während viele traditionelle Brauer aus ihrem austauschbaren Pils oder Hellem ein Staatsgeheimnis machen, ist es durchaus üblich, dass man von einem Craft-Brauer Tipps oder gar Rezepte zu seinen Produkten bekommt. Schließlich haben viele selbst als Hobbybrauer angefangen. Auch wenn nicht alle so weit gehen wie BrewDog, die Anfang 2016 sämtliche Rezepte als PDF-Download bereitstellten, schon fertig heruntergerechnet auf 20 Liter für Hobbybrauer. Knapp 250 Sorten sind das aktuell, einschließlich „The End Of History" (mit 55 % Alkohol war es mal das stärkste Bier der Welt), bei dem auch der Hinweis nicht fehlt, man müsse das Bier bei -70 °C einfrieren, um es auf den Alkoholgehalt zu bringen.

Offenheit und Transparenz sind also ein wichtiger Punkt. Oftmals gehen die Flaschenetiketten über die gesetzlichen Anforderungen hinaus und listen die einzelnen Malze und Hopfensorten auf. Glas-, Temperatur- und Food-Pairing-Hinweise ergänzen häufig die Beschreibung. Viele Craft-Brauer setzen auch auf Bio-Rohstoffe und nachhaltige Produktion. Zudem gilt: miteinander statt gegeneinander. Wer schon mal auf einem Craft-Beer-Festival oder einer ähnlichen Veranstaltung war, wird festgestellt haben, dass ein sehr freundschaftlicher Ton zwischen den Brauern herrscht. Man versteht sich gut, und die After-Show-Partys sind immer wieder Höhepunkte. Schließlich wollen alle dasselbe, nämlich den Konsumenten dazu bringen, gutes, kreatives Bier zu trinken statt Massenware. Sich mit Gleichgesinnten auszutauschen ist allen wichtig, man hört immer wieder das Wort „Familie". Natürlich gibt es zahllose Freundschaften zwischen den Brauern, was fast zwangsläufig dazu führt, dass man sich gemeinsam an den Kessel stellt und ein zusammen entwickeltes Bier braut. Einer der ersten Collaboration-Sude hierzulande war 2007 die Schneider-Brooklyner Hopfen-Weisse, die heute noch als TAP 5 von Schneider angeboten wird. Garrett Oliver kam nach Kelheim, um zusammen mit Schneiders Braumeister Hans-Peter Drexler das Bier einzubrauen. Später stattete Drexler der Brooklyner Brauerei einen Gegenbesuch ab, um dort zu brauen. Zahllose „Collabs" anderer Brauereien

Beim Tasting: Wer Lust hat, kann direkt mehrere Biere nebeneinander probieren und vergleichen. Dazu wird ein „Beer Paddle" mit bis zu fünf Sorten bestückt. Leichter lässt sich der nächste Favorit kaum ermitteln.

folgten. Mal national, mal international. Andreas Gänstaller von der gleichnamigen Brauerei ist da besonders fleißig und hat schon mit de Molen (Niederlande), Birra del Borgo (Italien), Närke oder Oppigårds (beide Schweden) gebraut. Erwähnenswert aus jüngster Zeit ist das Pepper Pils von Alexander Himburg (Himburgs Braukunstkeller) und Max Spielmann (Welde), mit schwarzem und rosa Pfeffer ein ganz besonderes Geschmackserlebnis. Auch Oliver Wesseloh (Kehrwieder) ist gern national und international unterwegs, Fanø (Dänemark), Sierra Nevada (USA), Brauhaus Nittenau oder das Riedenburger Brauhaus waren schon Partner. Dass es viel Spaß macht, mit anderen Brauern Rezepte zu entwickeln und zu brauen, weiß ich aus eigener Erfahrung: Für das „Craftbeer"-Magazin produziere ich für jede Ausgabe mit einem anderen Brauer ein Bier. Und mit Lille (Kiel) habe ich sogar ein Bier für das Magazin entwickelt. Eine schöne Tradition wurde in Hamburg wiederbelebt: Dort gab es bis Anfang der 1970er ein Senatsbock, das gemeinsam von den Hamburger Brauereien produziert wurde. Blockbräu, Gröninger, Ratsherrn, Kehrwieder und Joh. Albrecht haben dieses Bier 2015 zum ersten Mal wieder gebraut, sodass nun jedes Jahr Ende Januar feierlicher Senatsbock-Anstich ist.

Man braut miteinander, aber man hilft sich auch. Sei es mit Rohstoffen, weil ein Hopfen nicht mehr am Markt erhältlich ist, aber die befreundete Brauerei noch etwas davon hat, sei es mit Know-how oder dem Zurverfügungstellen der Anlage. Viele kleine Craft-Brauer haben kein eigenes Sudhaus und mieten sich daher irgendwo ein, um zu brauen. Das funktioniert natürlich nur, wenn man sich versteht. Sehr gut versteht man sich anscheinend mit Jörg Binkert. In seiner Brauerei sind gleich eine ganze Reihe von „Gypsies" zu Gast: Kuehn Kunz Rosen, Hopferei Hertrich, Yankee & Kraut, Labieratorium, NBG, Superfreunde oder die Brew Dudes produzieren hier ihre kreativen Biere.

Beratung und Empfehlung spielen in der Craft-Szene eine entscheidende Rolle. Die Offenheit gebenüber ungewöhnlichen Braukonzepten prägt die gesamte Bewegung.

Immer wieder und immer stärker ist festzustellen, dass Craft Beer in der Gesellschaft angekommen ist. War der Begriff vor einigen Jahren noch erklärungsbedürftig, so ist er heute in aller Munde. Nicht nur in Berlin, dem Epizentrum der deutschen Craft-Beer-Szene. Allerdings ist noch ein wenig Entwicklung nötig, bis es auch in anderen Großstädten möglich ist, eine Bar aufzumachen, die nur belgische, nur italienische oder nur IPAs anbietet. Oder wie Stone Brewing 50 Sorten vom Fass hat. Aber in vielen Städten gibt es Bars, die mehr als zwei Zapfhähne haben und zudem über eine große Bierkarte verfügen. Maisels „Liebesbier" in Bayreuth hat nicht nur eine gläserne Brauerei, sondern auch eine Bierkarte, die über 80 Seiten dick ist und über 100 Sorten beinhaltet, davon zwölf vom Hahn. Neue Shops entstehen überall, um die durstige und neugierige Gemeinde mit Nachschub zu versorgen, aber auch um zu beraten und Tastings oder Braukurse anzubieten. Zusätzlich gibt es zahlreiche Online-Shops, die fast alle mit sehr ausführlichen Informationen zu den einzelnen Sorten aufwarten. Denn dass Craft-Biere beratungsintensiver sind als ein Massenpils, liegt auf der Hand. Es ist eine spannende Zeit, in der wir leben. Nie in der langen Geschichte des Bieres gab es einen vergleichbaren Boom. Und es macht Spaß, die rasante Entwicklung mitzuverfolgen und ein Teil davon zu sein.

Wohin wird die Reise zukünftig gehen? Wie entwickelt sich die Craft-Beer-Szene national und international?

Betrachten wir einmal die Entwicklung von Mikrobrauereien (bis 1000 hl/Jahr) in Europa von 2010 bis 2015. Bekannt ist ja, dass in Deutschland das große Brauereisterben gebremst wurde, so stieg die Zahl der Brauereien von 1333 auf 1388, bei den Mikrobrauereien von 646 auf 717. Fast alle Neugründungen sind also Mikro. Von den 33 Brauereien in Berlin (Stand Dez. 2016) wurden 18 im Jahr 2012 oder später eröffnet. Verglichen mit anderen Ländern ist der Anstieg recht moderat, was aber auch der ohnehin schon sehr

BIEREMPFEHLUNG

KUNDMÜLLER

WEIHRER RAUCH

„Es riecht sehr rauchig, hat aber eine hohe Drinkability. Man kann sich wunderbar reintrinken. Es hat eine schöne malzige Süße, also ein ideales Einstiegsbier, wenn man Rauchbiere nicht kennt. Man kann durchaus zwei, drei davon trinken."

SVEN FÖRSTER

MALZ	●●●○○
AROMA	●●●●●
BITTERE	●●○○○
HEFE	○○○○○

BIERGATTUNG: Rauchbier
GÄRUNG: untergärig
ALKOHOLGEHALT: 5,30 % vol.
STAMMWÜRZE: 12,70° Plato
IBU: --

Zutaten: Wasser, Gerstenrauchmalz, Hopfen

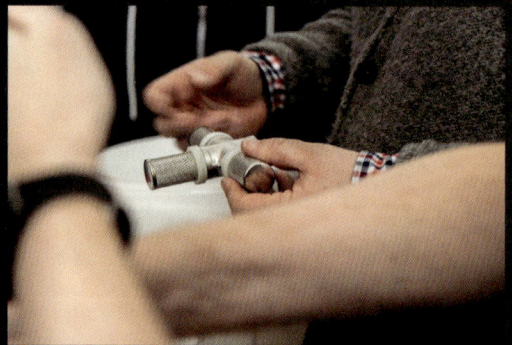

Beim Braukurs mit Christian Wolf (*brauwolfsbierwelt.de*) lernen die Teilnehmer alles über das Heimbrauen und können nach einigen Stunden den ersten eigenen Sud in die Flasche füllen. Solche Kurse öffnen die Augen für die Kunst des Brauens und lassen eine ganz neue Wertschätzung für das Lebensmittel „Bier" entstehen.

Die enorme Biervielfalt Belgiens hat es 2016 auf die Liste des immateriellen Kulturerbes der UNESCO geschafft. Kein Wunder, dass Lambic, Geuze, Witbier & Co. immer beliebter werden.

hohen Brauereidichte geschuldet ist. Diese ist übrigens weder nach Einwohnerzahlen noch nach Fläche die höchste in Europa. Neuer Spitzenreiter: Großbritannien. Dort hat sich die Anzahl der Mikrobrauereien in den fünf Jahren von 828 auf sage und schreibe 1880 erhöht. Bereits 2013 gab es mehr Brauereien als in Deutschland, eine Tatsache, die hier irgendwie untergegangen zu sein scheint. Im Traditionsland Belgien stieg die Zahl von 135 auf 199, was ganz ordentlich ist. In Tschechien hat sie sich mehr als verdoppelt, von 151 auf 390. Ebenfalls interessant ist ein Blick nach Norden, denn in den skandinavischen Ländern war die Craft-Beer-Welle deutlich früher angekommen als in Deutschland, auch wenn sie dort ebenfalls in den letzten Jahren so richtig hochgeschwappt ist. In Norwegen stieg die Zahl von 30 auf 101, in Schweden hat sie sich von 39 auf 219 mehr als verfünffacht. Am erstaunlichsten ist die Entwicklung jedoch in den klassischen Weinländern. Während Griechenland „nur" einen Anstieg von elf auf 28 Mikrobrauereien verzeichnet, ist der in Italien von 308 auf 688 erheblich. Ebenfalls mehr als verdoppelt hat sich die Anzahl in Frankreich, von 387 auf 793. Ein noch stärkeres Wachstum gab es in Spanien, von 65 auf 427. Portugal hinkt bei der Gesamtzahl noch etwas hinterher, aber aus ehemals sieben Brauereien sind 64 geworden, fast eine Verzehnfachung und prozentual der mit Abstand steilste Anstieg aller europäischen Länder.

Was bedeutet das für die Entwicklung in Deutschland? Es ist davon auszugehen, dass nach wie vor kleine und mittelständische Brauereien, vor allem in Bayern, schließen werden. Oftmals sind die Produkte zu austauschbar, besonders in Franken zermürbt der durch die hohe Brauereidichte bedingte Preiskampf. Wer seine Halbe für 1,50 bis 1,80 Euro in der Gastwirtschaft anbieten muss, kann kaum gewinnbringend produzieren. In Städten wie Hamburg oder Berlin sind Preise von 3,50 Euro für 0,4 Liter durchaus normal. Wenn man

BIEREMPFEHLUNG

NR. 3/13

BREWDOG
5AM SAINT

Aus fünf Malzsorten brauen
die Schotten von Brewdog ihr
5AM Saint Red Ale: Extra Pale,
Caramalt, Munich, Crystal,
Dark Crystal. Der Hopfen-
geschmack lässt genügend
Raum für Aromen von Frucht,
Karamell und Schokolade.
Klar und geschmeidig.

MALZ	●●●●●
AROMA	●●●●○
BITTERE	●●○○○
HEFE	●○○○○

BIERGATTUNG: Red Ale
GÄRUNG: obergärig
ALKOHOLGEHALT: 5,00 % vol.
STAMMWÜRZE: 12,00° Plato
IBU: 35

Zutaten: Wasser, Gerstenmalz (Extra
Pale, Karamell-Malz, Münchner Malz,
Crystal Malt, Dark Crystal Malt), Hopfen
(Cascade, Amarillo, Nelson Sauvin,
Simcoe, Ahtanum, Centennial), Hefe

zudem bedenkt, dass dort in den meisten Lokalen Biere von Großkonzernen ausgeschenkt werden, die weitaus kostengünstiger produzieren können, wird das Problem noch klarer. Der Großteil der Konsumenten ist nach wie vor ein „preisbewusster" Käufer, man kauft das, was im Supermarkt im Angebot ist. Und das ist natürlich günstiger als das handwerklich produzierte Bier der dorfeigenen Brauerei. Mit den üblichen Hellen, Dunklen und Weizen hebt sich die Brauerei in Dorf A aber nicht oder kaum vom Hellen, Dunklen und Weizen der Brauerei aus Dorf B ab. Und wo Alleinstellungsmerkmale fehlen, ist die Spirale nach unten bereits programmiert.

Eine halbautomatische Abfüllung mit Gegendruck macht die Biere einer kleineren Brauerei ebenso haltbar wie die der Industrie. Die Haltbarkeit hängt letztlich auch von der Biersorte ab.

Einen Lösungsansatz bietet der Pro-Kopf-Verbrauch. Denn wenn wir den betrachten, stellen wir Bemerkenswertes fest: In keinem der oben erwähnten Länder ist der Bierkonsum im betrachteten Zeitraum markant angestiegen, in Belgien ist er sogar um zehn Prozent gesunken, in Portugal um fast 20 Prozent. Trotz des immensen Anstiegs an Mikrobrauereien in Italien und Frankreich bilden diese Länder beim Pro-Kopf-Verbrauch mit je 31 Litern pro Jahr das Schlusslicht in Europa. Was zunächst als Diskrepanz erscheint, ist gar keine: Es findet nur eine massenhafte Abkehr von den Industriebieren statt, hin zum Craft Beer. Wer nur 31 Liter Bier pro Jahr trinkt, möchte diese lieber genießen als reinschütten. Ähnliches gilt für Schweden und Norwegen mit 47 beziehungsweise 49 Litern pro Kopf und Jahr – hier ist Bier extrem teuer, also will man dann auch was Vernünftiges im Glas haben. Innovation, Besinnung auf alte Bierstile, aber auch die Weiterentwicklung neuer Stile wären daher auch in Deutschland eine Möglichkeit für kleine und mittelständische Brauereien, dem Abwärtstrend entgegenzuwirken und mit Craft Beer, das zwar teurer ist, für das es aber interessierte Kunden gibt, vernünftige Preise zu erzielen und die Absätze zu stabilisieren. Schöne Beispiele hierfür sind Hopfenstopfer und Riedenburger. Letztere fand man früher primär in Öko-Märkten – mit leicht verstaubtem Flaschendesign. Nun gibt es eine zweite Schiene der Brauerei, peppig aufgemachte Craft-Biere von hoher Qualität. Nicht mehr nur in Öko-Märkten zu finden, sondern in zahlreichen Craft-Beer-Stores. Zahlreiche Neugründungen sorgen hierzulande dafür, dass die Gesamtzahl der Brauereien seit einigen Jahren wieder steigt. Man kann davon ausgehen, dass 95 Prozent der neuen Brauereien Craft Beer produzieren. Das enorme weltweite Wachstum wird sicherlich ebenfalls weitergehen, viele Länder stehen da erst am Anfang. In den USA scheint allerdings der Zenit erreicht. Es ist fraglich, ob dort noch Platz ist für weitere Brauereien. Sicherlich wird es in den nächsten Jahren zu ersten Konsolidierungsprozessen kommen. Stone Brewing musste 2016 zum ersten Mal Personal abbauen, auch ein Indiz dafür, dass der Markt nicht unendlich groß ist. Aber wie bei allen Produkten wird sich auf Dauer die Qualität durchsetzen. Wir als Kunden entscheiden da wesentlich mit, schließlich treffen wir die bewusste Entscheidung, welches Craft Beer wir als nächstes genießen wollen. 🐚

> „Craft ist kein Geschäft. Craft ist keine Mode. Craft ist ein Gefühl. Craft ist immer Genuss!"

MIGGE VOM CRAFTBEER CORNER

Im Kölner Craftbeer Corner können 15 ständig wechselnde Biere direkt vom Hahn probiert werden.

Die steigende Biervielfalt in unseren Regalen bietet für jeden Tag ein neues Bier.
Eine Auswahl, an die sich die deutschen Konsumenten erst noch gewöhnen müssen.

Das Reinheitsgebot

HEILIGER GRAL ODER BREMSKLOTZ?

Das deutsche Reinheitsgebot legt fest, dass untergäriges Bier nur mit Gerstenmalz, Hopfen, Hefe und Wasser gebraut werden darf. Für obergäriges Bier sind andere Getreidemalze, zum Beispiel aus Weizen oder Roggen, erlaubt, nicht aber die Verwendung von Mais oder Reis. Außerhalb Bayerns ist es Brauern möglich, für weitere Zutaten eine Genehmigung zum Brauen „besonderer Biere" zu beantragen. Voraussetzung ist aber, dass die Zusatzstoffe dem Bier einen besonderen Charakter oder Geschmack verleihen.

> **„** Über das Reinheitsgebot wird plötzlich mit einer Offenheit diskutiert, die man lange vermisste."

ür importiertes Bier ist das deutsche Reinheitsgebot nicht bindend. Zusatzstoffe, die nicht im Reinheitsgebot vorgesehen sind, müssen bei Importbieren aber deklariert werden. Das Reinheitsgebot kann dank einer einschränkenden Klausel fortbestehen, die die entsprechende EU-Verordnung ergänzt. Dieser Klausel zufolge darf geltendes EU-Recht für „Traditionelle Lebensmittel" eingeschränkt werden.

Das deutsche Reinheitsgebot geht auf eine Passage der Bayerischen Landesordnung von 1516 zurück, die nur Gerste, Hopfen und Wasser als zulässige Zutaten nennt. Die Wirkungsweise von Hefe war damals noch nicht erforscht, deshalb fehlte sie in der Aufzählung. Die heutige Gesetzgebung schließt ausdrücklich die Verwendung von Aromen, Farbstoffen, Stabilisatoren, Enzymen, Emulgatoren oder Konservierungsstoffen aus, genehmigt aber die Verwendung zahlreicher chemischer Hilfsstoffe, von denen häufig Rückstände im Bier verbleiben .

Lange, sehr lange galt es als Fels in der Brandung. Der Stolz der Biernation. Ein Gesetz mit dem Nimbus einer Ikone. „Gebot" – klingt das nicht quasi religiös? Eine mittlerweile 500 Jahre alte Trutzburg in unsicheren Zeiten, eine Garantie für Reinheit, Qualität und Authentizität – wer wollte das schon kritisieren? Doch etwas regt sich in der deutschen Bierwelt: Kritische Stimmen mehren sich neuerdings, Rufe nach Veränderung oder gar Abschaffung werden lauter und trüben die Jubelstimmung zum 500-jährigen Jubiläum. Aber zurück zum Anfang.

Das deutsche Reinheitsgebot: Ursprünglich ein Erlass bayerischer Herzöge aus dem Jahr 1516, 1918 erstmals als „Reinheitsgebot" bezeichnet, wurde es im 20. Jahrhundert landesweit bindend – mit unterschiedlicher Schärfe und Konsequenz. Erst die Tendenz zur Harmonisierung europäischen Rechts in der Europäischen Wirtschaftsgemeinschaft (dem Vorläufer der EU), die in den 1960er-Jahren begann, führte zu einer Lockerung der Vorschriften für das, was hierzulande als Bier bezeichnet und verkauft werden durfte. 1987 schließlich unterlag die Bundesrepublik in einem längeren Rechtsstreit vor dem Europäischen Gerichtshof und musste zumindest das Importverbot für Biere kippen, die nicht nach dem Reinheitsgebot hergestellt waren. Dennoch gelang es der Bundesrepublik und dem Deutschen Brauer-Bund bis heute, Rufen nach Lockerung und Angleichung an europäisches Recht zu widerstehen und die Gültigkeit des Reinheitsgebots für deutsches Bier aufrechtzuerhalten. Das Gebot garantiere dem Konsumenten deutschen Biers, so die von dem Deutschen Brauer-Bund und der deutschen Bierindustrie verbreitete Sichtweise, Schutz vor dem, was man gern als „Chemiebiere" schmähte. Das Reinheitsgebot wur-

Belgisches Trappistenbier: In Belgien wird eine Vielfalt an Bierstilen gepflegt, die bei uns schon durch das Reinheitsgebot nicht möglich wäre.

de zu einer deutschen Ikone und zum überaus beliebten Marketing-Tool. Sicher, in Zeiten, in denen ein Lebensmittelskandal den nächsten jagt, in der die Angst vor „Chlorhühnern", Glykolen im Wein, Pestiziden im Obst und Antibiotika im Fleisch bei vielen nagende Zweifel an der modernen Konsum- und Lebensweise nährt, klingt ein 500 Jahre altes Gebot, das Reinheit verspricht, geradezu wie ein Wunschtraum. Reine Lebensmittel, gibt's die überhaupt noch? Und erst recht industriell hergestellt, im Supermarkt zum günstigen Preis?

So blieb die Vorstellung vom qualitativ überlegenen, weil per uraltem Gesetz zur Reinheit verpflichteten deutschem Bier bis heute tief verankert in der Vorstellung der Deutschen. Sicher, das deutsche Bier genießt auch international einen guten Ruf (auch wenn mancher Kritiker es mittlerweile für solide, aber langweilig hält), aber den genießt auch das viel sortenreichere belgische Bier, das ganz ohne Reinheitsgebot entsteht. Und wenn auch zuletzt der Eindruck entstand, geschmacklich gerate deutsches Bier im internationalen Vergleich aufgrund der austauschbaren Einheitlichkeit der marktbestimmenden Supermarktbiere ins Hintertreffen, dann liegt das nicht zwingend am Festhalten am Reinheitsgebot, sondern auch an einer Tendenz der großen Brauereien, ihre Biere immer milder und immer einheitlicher zu brauen. Das milde Pils dominiert den deutschen Biermarkt, weil die deutschen Biertrinker es eben goutieren. Wer charakterstarkes Bier sucht, der wurde bislang in Deutschland vor allem bei kleineren, regionalen Traditionsbrauereien fündig. Und dennoch gärt es gewaltig. Seitdem die Craft-Welle Deutschland erfasst hat, wächst nicht nur die Kritik an den Großbrauereien für ihre Fantasielosigkeit, auch über das Reinheitsgebot wird plötzlich mit einer Offenheit diskutiert, die man lange vermisste. Was sind die Argumente für das Gebot, was spricht dagegen?

Die Getränkedose

Die Dose war lange aus verschiedenen Gründen als Getränkeverpackung verpönt. Sie stand, was das Bier betrifft, sinnbildlich für billige Qualität in einer billigen Verpackung. Dabei funktioniert die Dose beim Bier wie ein kleines Fass. Sie ist so luft- und lichtdicht wie keine andere Verpackung (nämlich zu 100 %) und damit ideal zum Erhalt aller Geschmackseigenschaften des Biers geeignet. Licht hat nämlich ganz entscheidenden Einfluss auf die Hopfenaromen und gibt dem Bier einen Beigeschmack, den man als muffig oder schwefelig beschreiben kann. Getrunken werden sollte das „Dosenbier" nach wie vor aus einem Glas, denn hygienisch unbedenklich ist zwar der Inhalt der Dose, aber nicht die Ablagerungen darauf, die beim Transport und der Lagerung entstehen.

Durch das Dosenpfand hat sich auch die vorher sehr problematische Umweltbilanz der Getränkedose verbessert – sofern sie vom Konsumenten in den Kreislauf zurückgegeben und nicht einfach weggeworfen wird! Einige mutige Brauereien setzen daher wieder verstärkt auf die Dose.

PRO Reinheitsgebot

Das Gesetz schafft Klarheit für den Verbraucher. „Chemiebiere" mit Konservierungsstoffen und künstlichen Aromen dürfen in Deutschland nicht gebraut werden, zumindest nicht für den heimischen Absatz. Besonders Großbrauer, so die Befürchtung, könnten sonst versucht sein, zur Kostensenkung Hopfen durch viel billigeres künstliches Hopfenaroma zu ersetzen. Hopfen ist ein Naturprodukt, dessen Herstellung langwierig und aufwendig ist. Auch die Nachfrage nach bestimmten Hopfensorten ist zuletzt stark gestiegen, was viele Brauer vor erhebliche Probleme stellt. Die Versuchung, auf künstlichen Ersatz zurückzugreifen, dürfte also durchaus gegeben sein. Auch das Getreidemalz, das entweder ganz aus Gerste oder aus einer Gerste-Weizen-Mischung besteht, lässt sich theoretisch durch stärkehaltigere Rohstoffe ersetzen. Dann aber müsste man korrigierende Zusatzstoffe wie Enzyme und Aromen zugeben. Selbst manche Kritiker des Reinheitsgebots warnen deshalb vor seiner Abschaffung, weil sonst ein Dammbruch zu befürchten sei. Chemiebiere will schließlich keiner.

Die Beschränkung auf wenige Zutaten erhöhe, so der Deutsche Brauer-Bund, zudem die Sicherheit. Qualitätssicherung ist bei drei, vier Rohstoffen eben einfacher zu gewährleisten als bei einer unüberschaubaren Vielzahl von Zutaten. Dank der so vereinfachten Rückstands- und Schadstoffkontrolle sei es den deutschen Brauern bislang gelungen, so der Brauer-Bund, Lebensmittelskandale zu vermeiden. Der Brauer-Bund argumentiert weiter, dass das Gebot die Verwendung qualitativ hochwertiger Rohstoffe zwingend mache: „Gerade weil eine nachträgliche Beeinflussung der Biere in Deutschland etwa durch chemische Zusätze unzulässig ist, achten die deutschen Brauer in besonderer Weise auf höchste Qualität der von ihnen eingesetzten Rohstoffe."

Einige fordern sogar eine Verschärfung des Reinheitsgebots durch Präzisierung, vor allem was die Qualität der Rohstoffe anbetrifft.

Klarheit entsteht durch das Gebot vor allem in Bezug auf den Begriff „Bier". Getränke, die nicht den Kriterien entsprechen, dürfen durchaus hergestellt werden, sie dürfen nur nicht als Bier vermarktet werden.

Dem Argument, das Gebot stehe der Kreativität im Wege und verhindere eine größere Vielfalt, wird entgegnet: Die Herausforderung an die Brauer besteht ja gerade darin, mit den vier immer gleichen Rohstoffen etwas Neues, Individuelles zu schaffen. Die Möglichkeiten dafür sind gegeben: 250 verschiedene Hopfensorten, 40 Malzvarianten und rund 200 unterschiedliche Hefestämme zählt der Brauer-Bund auf. Das Brauverfahren bietet dazu noch mal eine Vielzahl an Optionen. Außerhalb Bayerns kann der Brauer sich ja zudem weitere natürliche Zutaten genehmigen lassen oder obergärigem Bier „technisch reinen Rohr-, Rüben- oder Invertzucker" zusetzen.

Damit, so sollte man meinen, ist ein Maximum an Vielfalt zu erreichen. Vorausgesetzt natürlich, der Brauer macht es sich zum Ziel, ein individuelles Bier mit Charakter zu brauen. Die Austauschbarkeit der Supermarktbiere lässt sich nicht auf das Festhalten am Reinheitsgebot zurückführen. Die großen Brauereien, die den deutschen Biermarkt bestimmen, nutzen die Möglichkeiten, die sich ihnen bieten, leider nicht. Denn der Kunde, der Biertrinker, wolle es eben mild, geschmeidig, und billig. Ein Euro die Flasche, und keine geschmacklichen Sperenzien bitte!

CONTRA Reinheitsgebot

Doch es regt sich Widerspruch, und der wird mit dem Wachsen der Craft-Bewegung lauter. Das Gesetz hat seinen historischen Ursprung in einer Zeit, in der das Panschen gang und gäbe war. Früher mischte man alle möglichen Kräuter ins Bier, die daraus mitunter eine regelrechte Drogensuppe machten mit hohem Rauschfaktor bei geringer Verträglichkeit. Man nannte sie nicht umsonst „Dollbiere". Vermutlich trank die damalige Bevölkerung deutlich mehr Bier als heute, denn Bier war zumindest mikrobiologisch unbedenklich, ganz im Gegensatz zum Trinkwasser. Dass diese Biere nicht gerade dazu beitrugen, das Bruttosozialprodukt zu erhöhen, liegt auf der Hand. Außerdem befand man sich in unsicheren Zeiten, was die Ernährungslage anbetraf. Missernten und Hungersnöte waren häufig. Also galt es, dafür zu sorgen, dass wertvolles Getreide wie Weizen oder Roggen vordringlich fürs Brotbacken verwendet wurde und die Bierbrauer sich auf die billige und anspruchslosere Gerste beschränkten. Das Gesetz diente damals zur Sicherung der Lebensmittelversorgung und der Arbeitsfähigkeit der Bevölkerung. Und ein kleines bisschen dürfte auch die Protektion des bayerischen Biermarktes und damit der bayerischen Steuereinnahmen eine Rolle gespielt haben. Apropos Protektion: Der deutsche Hopfenanbau konzentriert sich seit dem Mittelalter auf die bayerische Hallertau – wie praktisch für die bayerischen Bauern, dass dieses Gesetz gleich alle Biersorten, die ohne Hopfen gebaut wurden, rundweg verbot!

Die historischen Umstände sind natürlich längst nicht mehr gegeben. Auch für den Aspekt der mikrobiologischen Sauberkeit des Getränks ist heutzutage das Reinheitsgebot völlig irrelevant, dafür gibt's das Lebensmittelrecht. Niemand würde ernsthaft behaupten, ausländische Biere seien generell unrein, nur weil sie ohne Reinheitsgebot hergestellt wurden.

Warum tut man sich so schwer, eine größere Biervielfalt zuzulassen? Wenn es zum Beispiel in Südamerika üblich ist, Mais statt Gerste zu verwenden, warum sollte das nicht auch in Deutschland möglich und akzeptabel sein? Tatsächlich führt das Reinheitsgebot heute dazu, dass etwa mit Mais gebrautes Bier zwar importiert, nicht aber hierzulande gebraut werden darf. Man darf es in Deutschland trinken, aber nicht brauen – ein absurder Zustand. Warum müssen Brauer für natürliche Zutaten wie Anis oder Orangen extra eine Genehmigung beantragen? Wäre es nicht sinnvoller, per Gesetz festzulegen, dass nur natürliche Zutaten erlaubt sind, diese aber frei wählbar sind? Man könnte zudem etwa die Deklarationspflicht verschärfen, um den Verbraucher zu schützen. Aber die Notwendigkeit des zusätzlichen Verwaltungsaufwandes und der zusätzlichen Kosten für die Anträge (die in Bayern noch nicht mal möglich sind) erschließt sich nicht jedem.

Nicht wenige betrachten das Reinheitsgebot als Etikettenschwindel. Die suggerierte Reinheit ist eine Illusion, so die Kritiker, weil eine Vielzahl chemischer und anderer Stoffe sehr wohl erlaubt ist. Es genehmigt zahlreiche Hilfsmittel für die Herstellung, so etwa Polyvinylpolypyrrolidon (PVPP, das ist der Lebensmittelzusatzstoff E 1202) zur Klärung und Stabilisierung. Trotz anschließender Filterung des Bieres muss man davon ausgehen, dass Rückstände von PVPP im Bier verbleiben.

Bei der Herstellung sind noch zahlreiche weitere ziemlich unsympathische Substanzen wie Blausäure, Gelatine und Aktivkohle erlaubt. Für einigen Medienrummel sorgte vor

einigen Jahren zudem die Entdeckung von Arsen-Rückständen im Bier, trotz Reinheitsgebot. Das Arsen stammt aus der Kieselgur, die für die Filtrierung benutzt wird. Rückstände
von PVPP und Arsen sind wohl nicht gesundheitsschädlich, aber sind sie „rein"?

Weder gesund noch rein ist auch das Pestizid Glyphosat, von dem das Umweltinstitut
München 2016 so viel in sämtlichen getesteten deutschen Bieren fand, dass der zugelasse-
ne Grenzwert für Trinkwasser deutlich überschritten wurde (mehr Information gibt es auf
umweltinstitut.org). Auch eine Vorbehandlung der Zutaten mit Schwefel ist in Deutschland völlig gesetzeskonform.

Glyphosat, Arsen, PVPP sind erlaubt, Anis, Koriander und Orangen sind verboten. Der
Anspruch, mit dem Gebot die „Reinheit" des Bieres zu schützen, wirkt somit doch ziemlich
zweifelhaft.

Und impliziert das Gesetz nicht unsinnigerweise, dass andere, nicht nach deutschen
Regeln gebraute Biere „unrein" sind? Der Bayerische Brauerverbund ging 2014 sogar so
weit zu fordern, die Genehmigungen für „besondere Biere" auch außerhalb Bayerns ein-
zuengen auf solche Biere, die „nachweislich auf eine deutsche Brautradition vor 1906 ver-
weisen können"! Ist das nicht ein ganz klein bisschen arrogant und ignorant gegenüber
ausländischen Biertraditionen? Von den diversen deutschen Biertraditionen, denen das
Gebot den Garaus machte, ganz zu schweigen. Indem man die bayerische Definition dessen, was Bier sein darf und was nicht, auf ganz Deutschland übertrug, besiegelte man die
früher durchaus noch vorhandene deutsche Biervielfalt.

In Bayern herrscht ohnehin eine regelrechte Bier-Diktatur. „Besondere Biere" gibt es
nicht. Leipziger Gose – aus bayerischer Sicht kein Bier! Ein Anachronismus im 21. Jahrhundert – Vielfalt fördert man so ganz sicher nicht.

Das Reinheitsgebot führte dazu, dass die Definition dessen, was man als Bier betrachtet, extrem eingeengt wurde. Bier ist aber historisch und kulturell betrachtet auch dann
noch Bier, wenn es mit Hafer, Roggen, Reis oder Mais gebraut wurde. Ob der deutsche Ge-

**Milk Stout und
Blueberry Maple Stout
sind hervorragende
Biere, aber leider
nicht konform mit dem
Reinheitsgebot.**

Schon lange kein Geheimtipp mehr: Das Trappistenbier der Abtei Sankt Sixtus in Vleteren. Sie ist eine von lediglich fünf Brauereien in Belgien, die das gesetzlich geschützte Label „Authentic Trappist Product" tragen dürfen.

setzgeber das wahrhaben will oder nicht, ist für diese Frage im Grunde völlig irrelevant. Selbst wenn es heute aus rechtlichen Gründen notgedrungen als Irgendwas-Getränk betitelt werden muss, wissen wir doch alle, dass es Bier ist. Nur darf's keinesfalls draufstehen. Schaut man sich die Kulturgeschichte des Biers genauer an, wirkt das Reinheitsgebot plötzlich reichlich ahistorisch, weil es einen großen Teil der Bier-Geschichte ganz einfach negiert.

Im Ausland schert man sich ohnehin nicht um das deutsche Gebot. Zwar behauptet der Brauer-Bund „Deutsche Biere, die nach dem Reinheitsgebot gebraut sind, erfreuen sich im Ausland einer stetig wachsenden Beliebtheit", aber das dürfte dann doch eher der hohen Professionalität deutscher Brauereien zu verdanken sein. Tatsächlich erntet man sehr häufig Kopfschütteln, wenn man ausländische Brauer und besonders Craft-Fans auf den deutschen Sonderweg anspricht. Während weltweit Craft-Brauer alle erdenklichen Bierstile feiern, kämpfen ihre deutschen Kollegen mit Sonderanträgen oder weichen notgedrungen gleich auf Nachbarländer aus. Besonders beliebte Ausweichländer für deutsche Brauer sind die Niederlande und Österreich. Dort können sie ihrer Kreativität freien Lauf lassen und das Ergebnis dann nach Deutschland rückimportieren. Unter kritischer Betrachtung wird aus dem stolzen, vermeintlichen Qualitätssicherungsgesetz so der Ausdruck einer unzeitgemäßen Kleingeistigkeit.

Mit Blick auf die internationale Entwicklung und das Hinterherhinken Deutschlands in puncto Biervielfalt muss man leider sagen, dass das Gebot, das die deutsche Bierindustrie schützen und stärken sollte, mittlerweile eher das Gegenteil verursacht. Es bremst die Differenzierung des deutschen Biermarktes. Und der vielfach geäußerten Befürchtung,

BIEREMPFEHLUNG

NR. 4/13

GUTMANN
HEFEWEIZEN

99 Eine kleine Weißbier-
brauerei. Weißbier mit
Flaschengärung. Ein sehr
rundes, leicht bananiges
Weißbier. Ein Bier, das ich
immer trinken kann. Steht
bei unseren Gästen ganz
hoch im Kurs!"

SVEN FÖRSTER

MALZ ●●●○○
AROMA ●●●○○
BITTERE ●○○○○
HEFE ●●○○○

BIERGATTUNG: Hefeweizen
GÄRUNG: obergärig
ALKOHOLGEHALT: 5,20 % vol.
STAMMWÜRZE: 12,00° Plato
IBU: 20

Zutaten: Wasser, Weizenmalz, Gerstenmalz, Hopfen, Hefe

Längst wagen sich auch Traditionsbrauereien wie Schönram oder Schneider vor und brauen Biere, die für die deutschen Konsumenten ungewohnt sind. Damit tragen sie – hoffentlich – zu einer dauerhaften Veränderung der deutschen Bierlandschaft bei.

> ❝ Während weltweit Craft-Brauer alle erdenklichen Bierstile feiern, kämpfen ihre deutschen Kollegen mit Sonderanträgen oder weichen notgedrungen gleich auf Nachbarländer aus.❝

ohne Reinheitsgebot würden wir überschwemmt mit unreinen Chemiebieren, kann man entgegnen: Arsenrückstände und PVPP haben wir jetzt schon! Eine striktere Deklarierungsvorschrift würde diesen Befürchtungen entgegenkommen, ohne die Brauer unnötig einzuschränken.

Und: Die Amerikaner, Tschechen, Belgier und Briten brauen seit eh und je ohne Reinheitsgebot – und ihre Biere genießen weltweit den allerbesten Ruf. Die Amerikaner laufen den deutschen Brauern ohnehin längst den Rang ab, wenn es um Bierpreise geht – und das ausgerechnet in urdeutschen Bierstilen.

Kurzum: Das Reinheitsgebot hat jetzt 500 Jahre auf dem Buckel. Davor muss man nicht in Ehrfurcht erstarren. Zeit für eine Weiterentwicklung, für eine intelligentere, ehrlichere Regelung! Bei der Verteidigung des Gebots mischt sich nicht selten eine ordentliche Portion Pathos ein, der für die Schwächen blind zu machen scheint. Man sollte aufhören, das Gesetz als sakrosankt zu behandeln.

Erlaubt natürliche Zutaten ohne überflüssiges Tamtam mit teuren Sonderanträgen! Verschärft die Deklarationsvorschrift! Macht aus dem Reinheitsgebot ein optionales Gütesiegel für Brauer, die sich danach richten wollen! Und wenn es denn unbedingt ein Verbot sein muss, dann verbietet Chemie und künstliche Ersatzstoffe. 🐚

Für ein echtes Stout oder Porter unverzichtbar: Lange und heiß gedarrtes Malz
verleiht dem Bier an Kaffee oder Kakao erinnernde Aromen.

Zu Besuch im Schoppe-Bräu

BEIM PIONIER

Berlin, Prenzlauer Berg, Pfefferberg. Ein Ort mit bunter kultureller Mischung – Theater, Tango, Kunst, Bars, Restaurants. Im 19. Jahrhundert, in den wilden Gründerjahren, gründete hier ein bayerischer Brauer namens Joseph Pfeffer seine Bierbrauerei. Später kaufte der Berliner Bierriese Schultheiss die Brauerei, um sie bald darauf dichtzumachen. Ein Konkurrent weniger. Noch heute stehen hier die alten Gebäude der Flaschenabfüllung und der Mälzerei, auch der brauereieigene Stall und das Gebäude des dazugehörigen Kraftwerks sind erhalten. Bier wurde hier lange nicht mehr gebraut, nur der Name blieb.

Doch fast 100 Jahre nach der Schließung von Pfeffers Betrieb sind sowohl das Bier als auch der Unternehmergeist der Gründerjahre zurückgekehrt auf den Pfefferberg. Das „Pfefferbräu" lädt nämlich jetzt hier ein mit einer äußerst verlockenden Speisekarte und, deshalb sind wir hier, mit eigenem Bier. Denn direkt neben dem Restaurant befindet sich die Brauerei Schoppe Bräu. Betrieben wird sie von einem, vielleicht dem Urgestein der Berliner Craft-Beer-Szene, Thorsten Schoppe.

Während das Craft-Phänomen in Deutschland erst nach 2012 so richtig ins Rollen kam, experimentierte Schoppe schon viel länger mit Bieren, die so ganz anders waren und schmeckten, als das den deutschen Pils- und Weizenbier goutierenden Konsumenten lieb und geheuer war. Eigentlich fing er ganz traditionell an und verbrachte seine Lehrjahre in der Bierindustrie. Dass er für eine Laufbahn in einer Großbrauerei nicht gemacht war, merkte Schoppe aber schon während seiner Ausbildung zum Mälzer und Brauer, die er in einer Industriebrauerei absolvierte. Dort lief der Brauprozess vollautomatisiert, standardisiert und perfekt durchprogrammiert ab, wie das in der Industrie heutzutage eben üblich ist. Das war weder besonders spannend, noch ließ es Raum für Kreativität oder Experimente. So verschlug es den Braunschweiger nach Berlin, wo er sich der Berliner Biercompany anschloss. „Das war eigentlich der erste Craft-Brauer in Deutschland." Pioniere also auf einem Markt, der dafür noch lange nicht reif war. „Es gab damals überhaupt keine Nachfrage. Bei Biercompany haben wir diese Biere im Minimaßstab gebraut, 100 Liter

Die Schankhalle Pfefferberg im Berliner Bezirk Prenzlauer Berg ist auch die Heimat von Schoppe Bräu.

> „Die Qualität ist von der Größe unabhängig. Es ist nicht so, dass das Bier schlechter wird, nur weil es groß gebraut wird."

THORSTEN SCHOPPE

pro Einsatz. Wir hatten Spaß dran, aber der Laden musste dann um die Jahrtausendwende schließen." Es muss ziemlich frustrierend gewesen sein, als Kreativbrauer für bessere und individuellere Biere zu werben in einem Land, wo eigentlich kaum jemand der Ansicht war, dass irgendetwas auf der Bierkarte fehlte. Aber Schoppe nahm's sportlich: „Ich alleine konnte ja die Welt auch nicht umkehren." Er heuerte beim Kreuzberger Brauhaus Südstern an, wo hauptsächlich herkömmliche Biere gebraut wurden, „sozialkompatibel", wie er es nennt. Seiner Leidenschaft für Craft Beer konnte er nebenbei nachgehen, hier und da mal ein spezielles Bier kreieren, auch wenn es nicht immer reißenden Absatz fand. „Tatsächlich hat es dann immer auch eine ganze Weile gedauert, bis das Zeug dann mal vom Hofe war." Eine wirkliche Trendwende machte sich in Deutschland erst nach 2012 bemerkbar, bis dahin musste man als Kreativbrauer hierzulande entweder pragmatisch sein wie Schoppe, oder aufgeben.

Heute ist er sein eigener Herr und leitet mit Schoppe Bräu seine eigene Brauerei. Das Pragmatische hat er sich erhalten. Während manche Jungbrauer, die auf der gegenwärtigen Craft-Welle schwimmen, ihr Heil in Radikalopposition zur Industrie suchen und niemals ein „ordinäres" Pils brauen würden, geht Schoppe die Sache deutlich gelassener an. Das Ideologische oder gar Elitäre ist ihm dabei völlig fremd, Gott sei Dank.

Christian Schulze, der bei Schoppe Bräu fürs Qualitätsmanagement zuständig ist, bekräftigt das: „Wir haben ja ein Geschäft, das nicht nur aus Craft Beer besteht. Wir haben auch Sorten dabei, die jetzt vielleicht nicht den Erwartungen des Craft-Beer-Trinkers entsprechen. Wir haben eben auch ein Pils und ein Helles." Damit zielen sie besonders auf die regionale Gastronomie. Der Brauerei garantiert das einen soliden Grundumsatz, der ihr die Freiheit zum Experimentieren sichert. Obwohl Schulze betont, dass sich alle Biere der Brauerei wirtschaftlich tragen, das eine mehr, das andere weniger. Aber die Herstellungskosten etwa eines handwerklich gebrauten IPAs sind beachtlich und müssen dauerhaft getragen werden. Nicht nur, dass es mit einem Vielfachen der sonst üblichen Hopfenmenge hergestellt wird, auch die Preise für die IPA-typischen Aromahopfen haben es in sich. „Wir haben Biere, da zahlt man 40, 50 Euro für einen Kilo Hopfen", so Schulze. Und die Nachfrage nach Aromahopfen wächst von Jahr zu Jahr, mit ihr wachsen der Konkurrenzkampf und der Preis. „Man weiß nicht, wenn man das nicht vorkontraktet, ob man denselben Hopfen im nächsten Jahr auch noch bekommt! Denn nächstes Jahr gibt's vielleicht noch zehn Craft-Brauereien mehr in Berlin, die wollen auch alle den Hopfen haben für ihr IPA, und dann wird's schon schwierig."

Auf dem Pfefferberg braut Schoppe vor allem die ausgefalleneren Spezialbiere. Der Braukeller ist recht eng, zwischen den Kesseln und Tanks kommt man sich schnell mal in die Quere. Es geht insgesamt vielleicht nicht ganz so urig zu, wie sich das der Craft-Beer-Romantiker gern ausmalt. Keine offenen Bottiche oder antiken Sudpfannen, stattdessen eine moderne, halbautomatische Anlage. Für größere Mengen mietet er sich in zwei verschiedenen mittelständischen Brauereien in Sachsen ein. Dort braut er im 100-Hektoliter-Maßstab. Zum Beispiel die Molle für den Berliner Markt.

Während viele amerikanische Craft-Brauereien längst Größen erreicht haben, die man hierzulande getrost als industriell bezeichnen würde, verbindet man vor allem in Europa mit dem Begriff „Craft" meist auch eine gewisse Kleinteiligkeit. Beinahe so, als bedeute klein automatisch besser. Aber Schoppe widerspricht: „Die Qualität ist von der Größe unabhängig. Es ist nicht so, dass das Bier schlechter wird, nur weil es groß gebraut wird." Also noch einen populären Irrtum aus dem Weg geräumt. „Viele größere Brauereien sind hervorragend ausgestattet. Qualitätskontrolle noch und nöcher, es ist nicht so, dass große Brauereien per se schlecht sind!" Schulze ergänzt: „Von der Weiterverarbeitung sind die wahrscheinlich sogar besser. Es passiert in so einer kleinen Bude schneller, dass man mal einen biologischen Fehler drin hat, als in einer Großbrauerei. Gerade bei der Handabfüllung: Da wird alles von Hand angefasst, das ist unweigerlich anfälliger. Aber da kann man halt sagen, es ist handgemacht."

IMMER IN BEWEGUNG

Thorsten Schoppe: „Ich habe mein kleines Büchlein, wo ich immer meine Ideen eintrage. Ich hatte gerade heute wieder eine schöne Idee, die ich eingetragen habe. "

Veränderung ist wichtig für die Brauerei – in dieser Hinsicht unterscheiden sich die Craft-Brauer deutlich von anderen Bierproduzenten. „Wir haben ja auch traditionelle Biere, die bieten wir dauerhaft an. Aber im Craft-Bereich muss man sich ständig erneuern." Für Experimente gibt es einen Extrakessel, der 40 Liter fasst. An Ideen mangelt es ihm nicht. „Es gibt immer eine Liste von Sachen, die mir im Kopf herumschwirren, die ich noch machen möchte." Kreativität ist entscheidend, ohne Kreativität könnte auch ein Craft-Brauer in der immer stärker und zahlreicher werdenden Konkurrenz kaum bestehen. Sich auf seinen Lorbeeren ausruhen kommt also nicht infrage. Schulze: „Es gibt Pro-

BIEREMPFEHLUNG

NR. 5/13

SCHOPPE BRÄU

HOLY SHIT ALE

Hopfenjunkies aufgepasst!
Das Holy Shit Ale ist ein Double
IPA, also ein Bier für Fortge-
schrittene. Und das hat es in
sich. Schon der Geruch, den es
verströmt, transportiert das
ganze Feuerwerk der Hopfenaromen. Im Geschmack kommen
vollmundige Malzigkeit und
ganze 100 IBU dazu. Nicht nur
der Geschmack ist intensiv,
sondern auch der Alkoholgehalt
von 10 %.

MALZ   ●●●○○
AROMA   ●●●●○
BITTERE ●●●●●
HEFE   ○○○○○

BIERGATTUNG: Double IPA
GÄRUNG: obergärig
ALKOHOLGEHALT: 10,00 % vol.
STAMMWÜRZE: 24,00° Plato
IBU: 100

Zutaten: Wasser, Gerstenmalz (Pilsner,
Melanoidin), Hopfen (Magnum, Cascade,
Chinook) Hefe (US Ale)

> ❝ Wir machen Biere, die teils noch aktive Hefe drinhaben. Da muss man gewisse Schwankungen akzeptieren. Der aufgeklärte Verbraucher weiß das auch."

THORSTEN SCHOPPE

dukte, die uns so schnell keiner nachmachen kann. Aber um im Markt zu bleiben, muss man alle zwei, drei Monate ein neues Bier rausbringen."

Wie wichtig ist es denn, dass die Biere immer gleich schmecken? Bei einem halbautomatischen Betrieb ist natürlich generell mit mehr Schwankungen zu rechnen als bei den Großen. Schoppe: „Man darf nicht vergessen, dass wir Biere machen, die teils noch aktive Hefe drinhaben, die verändern sich dann mit der Zeit. Da muss man gewisse Schwankungen akzeptieren. Der aufgeklärte Verbraucher weiß das auch." Schulze: „Wenn man jetzt drei Flaschen vom gleichen Bier nimmt, werden die auch gleich schmecken. Aber die nächste Charge in einem halben Jahr schmeckt dann anders. Der Hopfen verändert sich ja auch jedes Jahr." Allerdings, „um die Unterschiede zu schmecken, muss man schon eine sehr feine Wahrnehmung haben".

Die Experimentierküche ist ständig im Betrieb. Schoppe: „Manchmal macht man sich die Mühe und macht viele Versuchssude. Und dann traut man sich irgendwann, einen Zehn-Hektoliter-Sud zu machen." Generell kann sich eine kleinere Brauerei natürlich mehr Experimente leisten als die großen. „Wenn die Berliner-Kindl-Brauerei mal den Kessel anwirft, dann haben die auf einmal 600 Hektoliter. Die muss man dann erst mal an den Mann bringen!" Und wenn's schiefläuft, dann läuft es im großen Maßstab schief. „Je größer man ist, desto größer ist dann auch der Flop." Natürlich bringt Größe auch strategische Vorteile, etwa wenn es um die Ressourcen geht. Schulze: „Wenn man so groß ist wie die Stone Brewing Company, dann kann man schon mal nach Washington State rüberfliegen und sagen: ‚Ihr baut uns nächstes Jahr mal auf 30 Hektar Amarillo-Hopfen an, wir kaufen euch den dann ab und überweisen morgen schon mal den Preis.' Dafür sind wir halt noch ein bisschen zu klein." Ist Wachstum also erwünscht? Ja, aber gesundes Wachstum.

HOPFENBOMBEN UND VANILLESCHOTEN

Im Moment hat Schoppe Bräu 17 Flaschenbiere im Angebot. Darunter Porter, Stout, Weizen, India Pale Ale, Helles, Dunkles, Pilsner, Roggenbier sowie diverse Hybriden. Einige davon gibt es dauerhaft, andere sind limitiert oder saisonal beschränkt. Letztlich muss für jede Sorte eine eigenständige Käuferschaft gefunden werden, manche Biere bleiben Nischenprodukte für Nerds, die man auch gern bedient. Aber davon kann natürlich keine Brauerei leben. „Das sind dann Sachen, die findet man selber klasse, und Gott sei Dank wissen wir auch, wie wir's loswerden. Aber damit rollt man nicht den Weltmarkt auf."

Grundsätzlich mag der Brauer all seine Biere, sonst würde er sie nicht brauen. Schoppe: „Ich mag alle auf ihre Art. Es gibt welche, die ich öfter trinke als andere. Aber ich kann zu jedem dieser Biere sagen, das ist gut." Natürlich hat auch der vielseitigste Brauer ein Lieblingsbier. „Ich mag schon gerne hopfenbetonte Biere. Die Pale Ales liegen bei mir persönlich ziemlich weit vorne." Also ist wie fast überall das IPA auch bei Schoppe Bräu der Star. Um das India Pale Ale hat sich ja längst eine Art globales Wettrennen um die intensivste Hopfung etabliert. Es gibt überall regelrechte Hopfen-Junkies, die nicht genug kriegen können. Double, triple, mehr! 120 bitterness units und am besten 15 % Alkohol. Für Schulze bleibt da manchmal ein bisschen das Nuancierte auf der Strecke. „Den Schritt zurückzugehen und zu sagen, ich mache jetzt ein Bier für noch geschultere Zungen, wo ich mit Aromen arbeite, wo ich mit Früchten arbeite, wo ich das ganz Feine herauskristallisiere. Dass man auch mit weniger Alkohol und mit einer feinen Fruchtbalance zwischen Süße, Säure und Alkohol arbeiten kann. Oder barrel-aged, das sind so Sachen, wo ich sage, da ist noch eine Zukunft. Und eher nichts für Pale-Ale-Anbeter."

Obwohl mit der Sorte auch diffizile Ansprüche verbunden sind. Schulze: „Das Problem beim IPA ist ja, nach zwei Monaten in der Flasche schmeckt es nicht mehr ganz so gut wie am ersten Tag. Die Frische des Bieres ist das alles Entscheidende. Wenn das dann drei Monate in irgendeiner Lagerhalle rumsteht, wird das Aroma schwächer." Also besser nicht in den Supermarkt? Das ist so eine Sache. Wenn eine Brauerei einmal im Supermarkt vertreten ist, hat sie keine Kontrolle mehr über ihr Produkt. Weder über den Kontext, in dem es platziert wird, noch über die Umstände der Lagerung.

Wenn das IPA der Star ist, welche Sorten sind dann schwieriger an den Mann, an die Frau zu bringen? Schoppe: „Dunkles Bier ist immer schwieriger. Erstaunlicherweise verkaufen wir gerade viel von dem Imperial Stout mit Vanilleschoten, was ein sehr dunkles ist."

Thorsten Schoppe
bei der Arbeit am
Braukessel.

Wer Schoppes „Katerfrühstück" mal probiert hat, wird das nachvollziehen können. Das Aroma der Tahiti-Vanille ist so intensiv, dass man süchtig werden könnte. Ihn hat der Erfolg ein bisschen überrascht. „Wir wollten das eigentlich nur einmal machen, und jetzt machen wir es schon zum fünften oder sechsten Mal, weil die Leute immer mehr davon haben wollen. Eigentlich sollte das so ein saisonales Ding sein, und jetzt produzieren wir's ständig! Aber ansonsten – wenn man auf den Massenmarkt zielt, ist dunkles Bier eher schwierig."

Ein Exot im Sortiment ist das Birkensaft-Bier mit dem nicht übermäßig fantasiereichen Namen „Birki". Wie kommt man auf die Idee, ausgerechnet Birkensaft zu verwenden? Tatsächlich fand Schulze ein Rezept aus dem Mittelalter, ursprünglich stammte es wohl aus Litauen oder Russland. Früher waren die Gersteernten starken Schwankungen unterworfen, deshalb fehlte es oft an Braugetreide. So kam man auf die Idee, Birken anzuzapfen. „Man suchte Flüssigkeiten, die einen eigenen Zuckergehalt hatten", erzählt er. So etablierte sich im Baltikum eine Tradition für Bier aus Birkensaft. „Der hat auch den Vorteil, dass er sehr schnell fermentiert." Damals verstand man die Arbeitsweise der Bierhefen noch nicht und konnte sie noch nicht so steuern wie heute. Das Experiment lohnt sich: Der Birkensaft verleiht dem Bier ein ganz eigenes, fein-fruchtiges Aroma. Den Rohstoff bezieht die Brauerei aus dem schwedischen Teil von Lappland. „Die Birkenbauern bohren ein Loch in die Birkenstämme, hängen ein Eimerchen dran, dann läuft der Saft raus. Der wird eingekocht, dann kommt noch ein bisschen Zitronensäure zur Stabilisierung dran. Anschließend wird er in Flaschen abgefüllt und transportiert." Klingt nach einem kostspieligen Vergnügen. „Ist es auch! Ein halber Liter kostet uns ungefähr sechs Euro. In dem 1000-Liter-Sud waren 80 Liter Birkensaft!"

Was es bislang im Schoppe-Sortiment noch nicht gibt, ist ein Alkoholfreies. Dafür fehlt bislang die Anlage, eine Investition, die man erst mal stemmen können muss. Und eine andere, kostengünstigere Methode kommt nicht infrage, denn das ginge zulasten des Geschmacks. „Es ist tatsächlich so, wenn man keine Gärung zulässt, schmeckt es nach nichts. Durch die Gärung kommt ja der Biergeschmack. Vorher schmeckt das nicht wie Bier! Erst in dem Moment, wo die Hefe reinkommt und rumbastelt, kommt der Biergeschmack. Vorher schmeckt es einfach nur süß." Aber man denkt über alkoholfreies Bier nach und auch

> **99** Ich habe mein kleines Büchlein, wo ich immer meine Ideen eintrage. Ich hatte gerade heute wieder eine schöne Idee, die ich eingetragen habe. Ich habe eine ganze Liste von Sachen, die ich noch machen möchte."

THORSTEN SCHOPPE

über andere alkoholfreie Getränke. Denn: „Tatsächlich will man ja nicht immer saufen, auch als Brauer nicht! Da liegt definitiv noch Potenzial."

Für die Zukunft ist auch Bio ein Thema. Macht das beim Bier überhaupt Sinn? Über den Einsatz von Pestiziden und Düngemitteln beim herkömmlichen Anbau von Getreide und Hopfen sollte man sich keine romantischen Illusionen machen, Reinheitsgebot hin oder her. Deshalb ist die Idee eines Bio-Bieres also gar nicht verkehrt. Schulze: „Mit Glyphosat hätte man dann kein Problem!"

MONROE AUS DER HALLERTAU

Wie sieht es aus mit der Regionalität? Die wird ja im Craft-Bereich großgeschrieben. Allerdings meint man damit meist eher das Endprodukt, also das Bier, und nicht die Rohstoffe. Ausschließlich mit Rohstoffen aus der Region zu brauen wäre auch schwierig, denn noch reicht der in Deutschland produzierte Aromahopfen vorn und hinten nicht, um die Nachfrage zu decken. „Wir bestellen mindestens einmal im Jahr eine größere Charge Hopfen aus den USA. Es gibt Hopfensorten, die es so in dieser Kraft in Deutschland noch nicht gibt. Es wäre natürlich schön, wenn's den in der Hallertau gäbe. Das wäre günstiger für uns, aber das gibt es eben noch nicht." Man ist zwar auch in der Hallertau bemüht, sich auf die wandelnde Nachfrage einzustellen, viele Bauern schwenken um vom Herkules (einer Hopfensorte mit hohem Anteil an Alpha-Säure und hohem Hektarertrag) auf die Flavorhops. Aber das geht eben nicht von heute auf morgen. Und selbst wenn der heimische Anbau von Aromahopfen kräftig wächst, ist es doch nicht derselbe Hopfen, der in Washington State angebaut wird. Die unterschiedlichen klimatischen Bedingungen erzeugen unterschiedliche Resultate. „Es gab erste Versuche. Wir haben vor Kurzem mit einem deutschen Cascade ein Single Hop gemacht, aber der ist komplett anders als der amerikanische. Er ist nicht schlecht, aber eben ganz anders."

Auch die besonderen Zutaten wie die Tahiti-Vanille fürs „Katerfrühstück" oder der Birkensaft müssen importiert werden.

Nur das Getreide kommt in der Regel aus Deutschland, und selbst da gibt es Engpässe. „Wir hatten schon einen Mälzer, der musste Getreide aus Australien dazukaufen, weil er

"Um im Markt zu bleiben, muss man alle zwei, drei Monate ein neues Bier rausbringen."
Christian Schulze,
Schoppe Bräu

in Deutschland nichts mehr bekam!" Der Gedanke der Regionalität ist also doch nicht so wichtig? „Doch. Allerdings darf er kein Dogma sein. Wir kaufen unsere Rohstoffe immer so regional wie möglich ein. Beim Geschmack gehen wir aber keine Kompromisse ein."

Die schwankende Verfügbarkeit von Hopfen stellt manchen Jungbrauer vor erhebliche Probleme. Wer länger im Geschäft ist, der weiß, dass er vorsorgen muss. So macht auch Schoppe Vorkontrakte. Schulze: „Wir haben jetzt mit Sicherheit an die zwei Tonnen Hopfen auf Lager." Die in der Industrie oft eingesetzten Hopfenextrakte sind für einen Craft-Brauer wie Schoppe natürlich indiskutabel, er verwendet Pellets. „Tatsächlich sind, übers Jahr gesehen, Pellets die beste Lösung. Auch wenn das nicht ganz so schön und romantisch aussieht wie Dolden, die Pellets haben ein tolles Aroma und eine tolle Ausnutzung." Und sie haben den Vorteil, dass sie mehrere Jahre haltbar sind.

Hopfendolden kommen auch zum Einsatz, allerdings nur für ein besonderes Bier: „Grüner wird's nicht", ein IPA mit 6 % Alkohol. Dafür fährt Schoppe extra in die Hallertau und holt 50 Kilo frische Monroe-Dolden, die seinen Lieferwagen nachhaltig parfümieren. Während er unterwegs ist, muss der Brauer in Berlin schon den Sud ansetzen, damit der Hopfen sofort nach Ankunft zur Kochung dazugegeben werden kann. „Das ist schon enorm aufwendig, aber es ist eben auch ein besonderes Produkt!" Für den regulären Einsatz kommen frische Hopfendolden nicht infrage, weil sie kaum einen Tag lagerfähig sind.

CRAFT? WAS IST DAS?

Auf die Frage, was der Begriff „Craft" für ihn bedeutet, zuckt Schoppe mit den Schultern. „Wenn mich einer fragt, was das ist, dann sag ich, weiß ich nicht! Aber es gibt ein paar positive Sachen dabei: dass man miteinander arbeitet, miteinander braut und sich nicht gegenseitig in die Hacken geht." Das freundschaftliche Miteinander wird gepflegt in der Craft-Szene, auch und gerade von Schoppe. Als Urgestein der deutschen Craft-Szene kennt er die meisten, hat schon mit vielen gemeinsam gebraut. Konkurrenzdenken ist ihm fremd. „Aber man sollte das auch nicht ganz sozial romantisiert sehen. Wir verkaufen natürlich auch am liebsten unser Bier!"

Für interessierte Laien veranstaltet die Brauerei Braukurse, und auch die Giganten der Bierindustrie schauen gelegentlich vorbei. Schoppes Ruf ist exzellent, so verwundert es nicht, dass sich etwa Guinness aus Irland zum Besuch angekündigt hat. Die wissen eben, wo die Innovationen stattfinden. Für Schoppe ist das völlig in Ordnung, natürlich. Obwohl: „Wir werden ihnen vielleicht nicht die schmutzigsten Geheimnisse erzählen!"

WOHIN GEHT DIE REISE?

Wie sieht man die Zukunft auf dem Pfefferberg? Schoppe sieht das Potenzial noch lange nicht erschöpft. Craft Beer hat hierzulande noch nicht mal ein Prozent der Bierkonsumenten erreicht, das Phänomen steht noch ganz am Anfang. „Ich glaube schon, dass da Luft nach oben ist. Das wird nicht solche Auswirkungen haben wie in den USA, aber ich glaube schon, dass sich da eine Nebenkultur etablieren kann. Auch wenn die nicht immer diesen Hype haben wird." Natürlich verändert sich der Markt bereits jetzt in dem Maße, wie das Qualitätsbewusstsein auch beim Konsumenten ankommt. Handwerkliche Fehler, die in den Kindertagen der Bewegung noch verziehen wurden, können sich Craft-Brauer immer weniger leisten. Das macht es natürlich schwerer für Laien und Quereinsteiger, sich zu etablieren. Aber das sind nun wirklich nicht Schoppes Sorgen.

Behutsames Wachstum, das ist das Ziel. Wachsen, ohne seine Identität zu verlieren. Wobei man hierzulande vielleicht generell dazu neigt, in zu kleinen Dimensionen zu rechnen und Wachstum zu verteufeln. Schulze bestätigt das: „In Deutschland wird der handwerkliche Braugedanke teilweise auch ein bisschen zu klein gedacht." Im Vergleich: Der größte amerikanische Craft-Brauer Yuengling produziert über drei Millionen Hektoliter, der deutsche Branchenriese Warsteiner kommt dagegen nur auf 2,3 Millionen Hektoliter. Craft geht also durchaus auch im größeren Maßstab.

Ein bisschen überraschte es am Ende aber doch, auch in einer Craft-Brauerei auf den Wachstumsgedanken zu stoßen. Aber das gehört wohl zu den unsinnigen, romantisierten Illusionen, die man sich vom Braugewerbe macht. Warum sollte ein Brauer, der zu Recht von der hervorragenden Qualität seines Produktes überzeugt ist, nicht auch an Wachstum denken? Es wäre doch ein Jammer, wenn das Katerfrühstück oder das Holy Shit Ale nur wenigen Glücklichen vorbehalten wäre! 🐌

Der Brauprozess

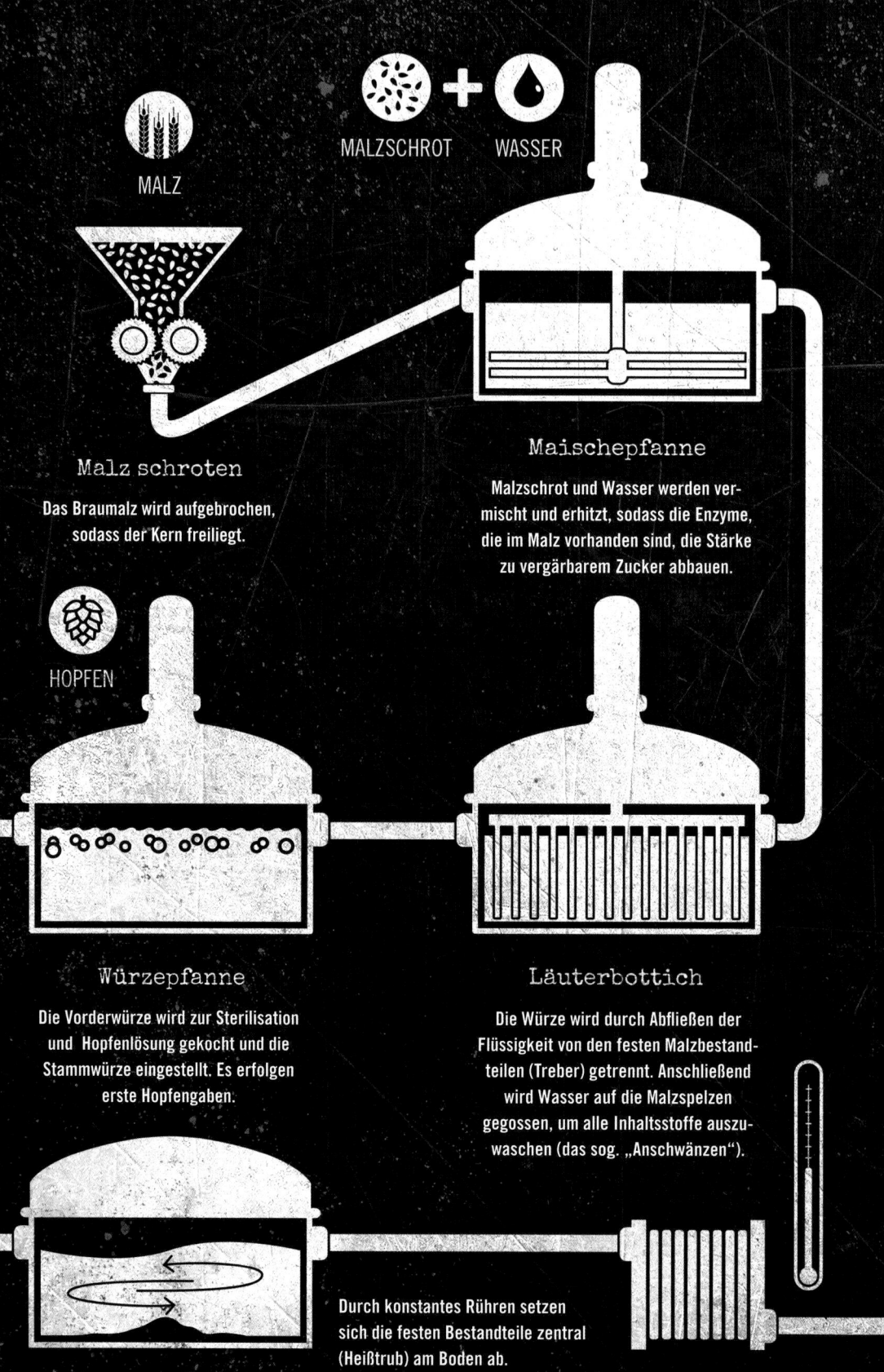

MALZ

MALZSCHROT + WASSER

Malz schroten

Das Braumalz wird aufgebrochen, sodass der Kern freiliegt.

Maischepfanne

Malzschrot und Wasser werden vermischt und erhitzt, sodass die Enzyme, die im Malz vorhanden sind, die Stärke zu vergärbarem Zucker abbauen.

HOPFEN

Würzepfanne

Die Vorderwürze wird zur Sterilisation und Hopfenlösung gekocht und die Stammwürze eingestellt. Es erfolgen erste Hopfengaben.

Läuterbottich

Die Würze wird durch Abfließen der Flüssigkeit von den festen Malzbestandteilen (Treber) getrennt. Anschließend wird Wasser auf die Malzspelzen gegossen, um alle Inhaltsstoffe auszuwaschen (das sog. „Anschwänzen").

Whirlpool

Durch konstantes Rühren setzen sich die festen Bestandteile zentral (Heißtrub) am Boden ab.

Würzekühler

Die Würze wird auf die sog. „Anstelltemperatur" heruntergekühlt.

HEFEZUGABE

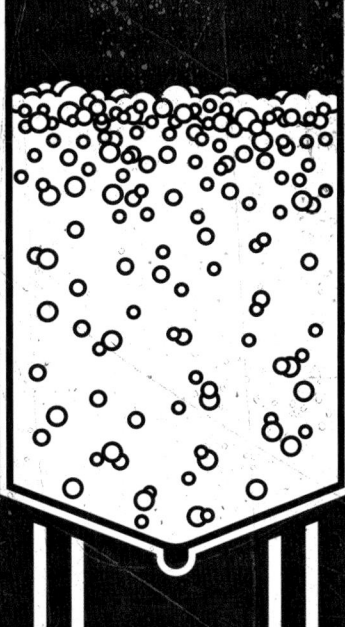

HOPFENSTOPFEN

Beim Hopfenstopfen wird bei hopfenbetonten Bieren wie IPAs Aromahopfen mit in den Lagertank gegeben. Diese zusätzliche Hopfengabe findet nach der Hauptgärung statt, weil die Bierwürze und der sich dabei bildende Alkohol besonders die ätherischen Öle des Hopfens extrahieren. Früher wurde oft hopfengestopft, um das Bier haltbarer zu machen. Heute dient der aufwendige Prozess fast ausschließlich dem Hinzufügen besonderer Aromen, die bei der ersten Hopfengabe während des Würzekochens noch nicht zustande kommen.

HOPFENSTOPFEN

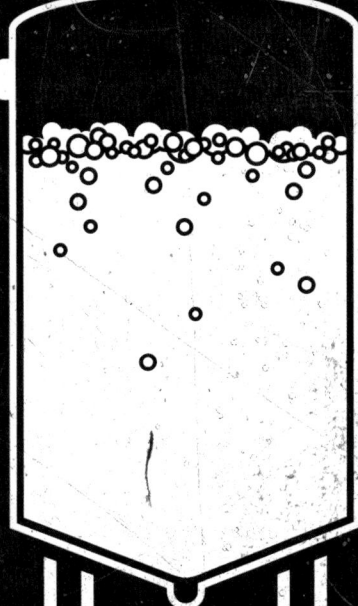

Gärtank

Die Würze wird mit Hefe versetzt um die alkoholische Gärung in Gang zu setzen sowie um Kohlensäure zu erzeugen.

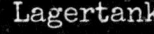

Lagertank

Das Bier kann sich klären und der Geschmack stabilisieren.

HEFEÜBERSCHUSS

Bierfilter

Es werden die letzten noch verbleibenden Trübstoffe und Hefepartikel herausgefiltert. Dieser Schritt wird von vielen Craft-Brauern je nach Bierstil nicht durchgeführt, da beim Filtrieren auch wertvolle Geschmacksstoffe verloren gehen.

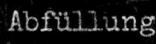

Abfüllung

Brautermin bei Ale-Mania

DER KREATIVBRAUER

Fritz Wülfing gilt unter Kennern als
Deutschlands „Craft-Pionier" und hat schon
in den 80er-Jahren verstanden, welche
Geschmackswelle da einmal auf uns zurollen
würde. Vom Enthusiasmus und der Offenheit der
amerikanischen „craft brewers" infiziert,
hat sich Wülfings Hobby nach mehr als
20 Jahren mittlerweile verselbstständigt –
ein Leben ohne das Brauen ist für ihn nicht
mehr denkbar. Seit 2014 braut er nun in
der eigenen, selbst geplanten und gebauten
Brauerei in Bonn. Bekannt unter dem Namen
„Ale-Mania" (www.ale-mania.de), hat er neben
Bonner Wieß und Gose auch Extravagantes wie
ein Milk Stout im Angebot. Wir begleiten ihn
hier beim Brauen seines India Pale Ales.

MALZ SCHROTEN

Zu Beginn des Brauprozesses muss das Malz geschrotet werden. Dabei wird das Malzkorn aufgebrochen und die in den Spelzen enthaltene Stärke wird freigelegt. Für sein India Pale Ale verwendet Fritz Wülfing Pilsener Malz und Karamellmalz.

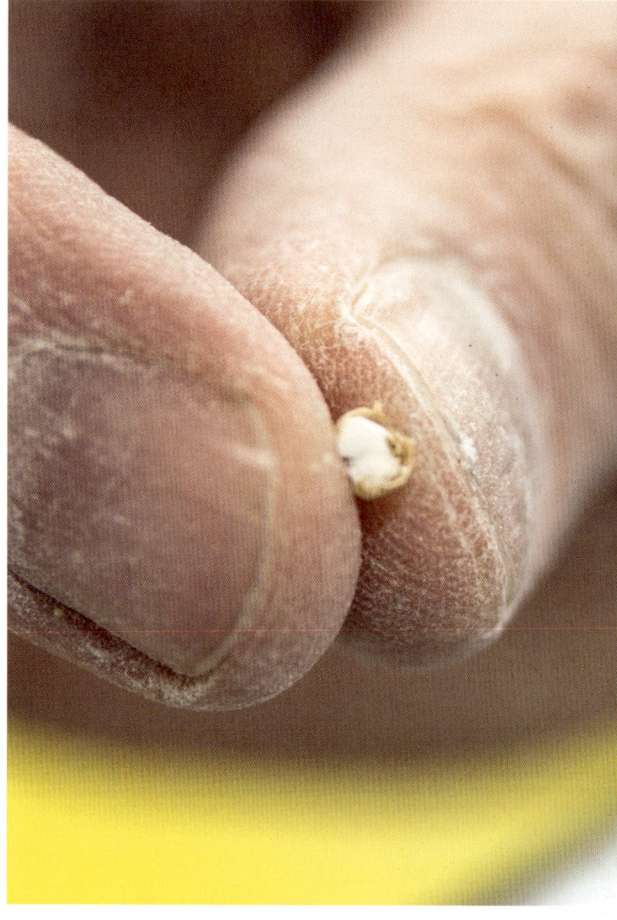

„ Brauen ist wie Suppe kochen. Es macht aber doppelt so viel Spaß – und doppelt so viel Arbeit."

MAISCHEN

Nun werden Schrot und heißes Wasser zu einem Brei vermengt (sog. Maische). Bei diesem „englischen" Maischverfahren werden bei einer fest eingestellten Temperatur Enzyme aktiviert, die Stärke- und Eiweißmoleküle aufspalten.

TEMPERATUR KONTROLLIEREN

Die Temperatur ist entscheidend für die späteren sensorischen Eigenschaften des Bieres. Deshalb muss sie regelmäßig kontrolliert und reguliert werden.

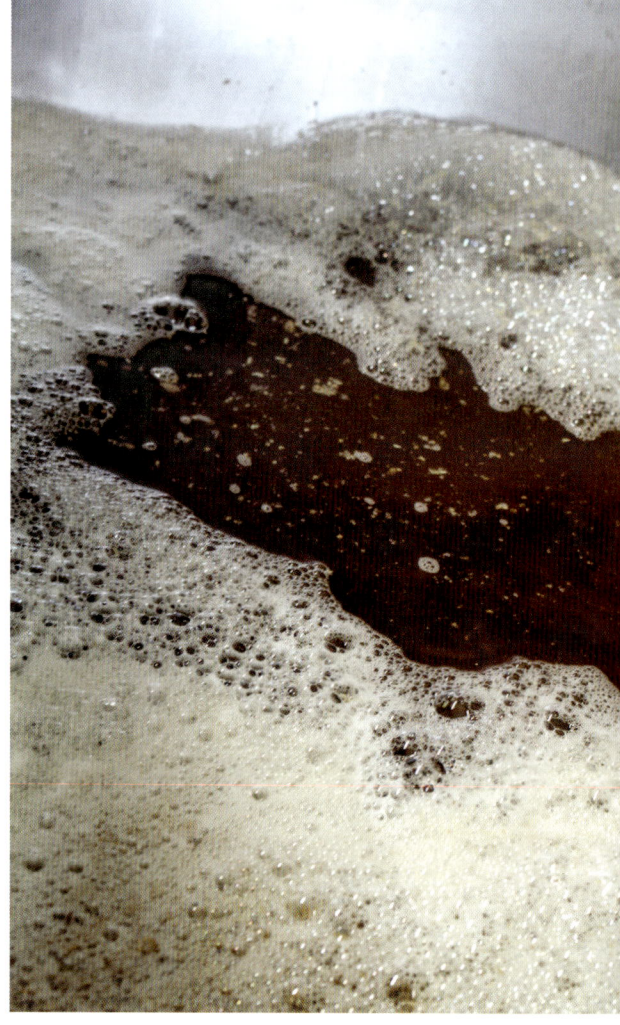

LÄUTERN

Beim Läutern wird die Maische von den Spelzen und anderen Schwebeteilchen getrennt. Der Nachguss (rechts) löst die restlichen Zuckeranteile aus dem Brei heraus. Auf dem Siebboden bleibt der Treber zurück.

WÜRZEKOCHEN

Die beim Läutern entstandene Würze wird in die Sudpfanne gepumpt und zum Kochen gebracht. Die Hitze zerstört die letzten noch aktiven Enzyme. Die Würze wird steril. Oben bildet sich ein fester Eiweissschaum. Beim Würzekochen werden die Grundlagen für die spätere Bittere und Stabilität des Biers gelegt.

Die Würze ist direkt nach dem Kochen klebrig süß und bitter und noch völlig ohne Kohlensäure. Eine deutliche Eiweisstrübung ist zu erkennen.

STAMMWÜRZE KONTROLLIEREN

Beim Kochen der Würze verdampfen unerwünschte Aromastoffe. Die Stammwürze ist für den späteren Alkoholgehalt des Biers ausschlaggebend. Die Vorderwürze hat hier einen Wert von 22° Plato. Angepeilt sind am Ende 16°.

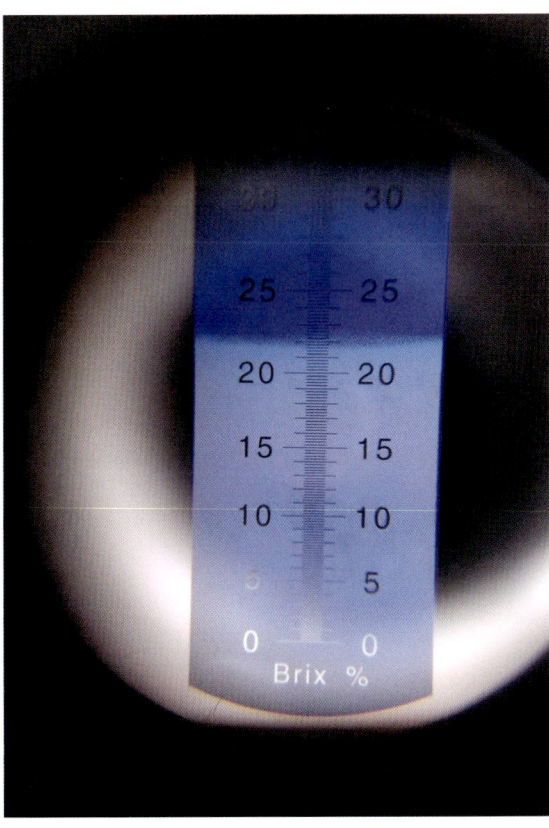

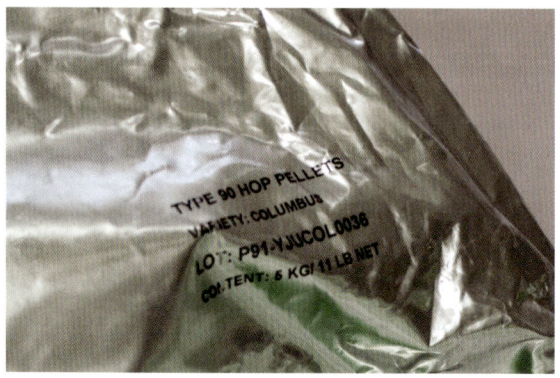

HOPFENGABE

Fritz Wülfing gibt nun den ersten Hopfen in die Vorderwürze, in diesem Fall Bitterhopfen der Sorte „Columbus". Diese Hopfengabe verleiht dem Sud seine Grundbitterkeit und Aromen. Weitere Hopfengaben erfolgen je nach Bierstil in festgelegten Zeitabständen (bei Wülfings India Pale Ale sind es Columbus, Summit, Simcoe und Mosaic im Wechsel). So gelangen ganz gezielt die gewünschten Aromen aus dem Hopfen in die Würze.

Nach der Hopfengabe beginnt es in der Supfanne zu brodeln. Durch stetiges Rühren entsteht der „Whirlpool", in dessen Mitte sich die letzten Festbestandteile absetzen.

AUSSCHLAGEN, KÜHLEN UND GÄREN

Nach dem Ausschlagen im „Whirlpool" wird die Würze durch einen Plattenkühler in den Gärbottich abgelassen. Obergärige Biere werden auf 20–25 °C, untergärige auf 10–15 °C heruntergekühlt. Während der Gärung wird durch die Hefe der in der Würze enthaltene Zucker in Alkohol und Kohlendioxid umgewandelt. Durch die Gärführung, also die Steuerung der Temperatur im Gärtank, wird der Einfluss der Hefe auf die Aromen des Biers gesteuert. Als Faustregel gilt: je wärmer, desto aromatischer.

Das fertige Bier in der Abfüllung bei Ale-Mania – hier das Bonner Wieß. Der Gegendruckfüller spannt vor dem Füllen die Flasche mit CO_2 vor. So kann das Bier ohne Schaumbildung unter Druck in die Flasche gefüllt werden. Es gelangt vor dem automatischen Verschließen kein Sauerstoff mehr in die Flasche und das Bier behält seine Kohlensäure und bleibt länger haltbar.

Je nach Sorte ist das Bier nach 4–12 Wochen im Lagertank gereift und trinkfertig.

ALE-MANIA

GOSE MANIA

Gose ist nicht jedermanns Sache, Koriander erst recht nicht. Trotzdem ist Fritz Wülfings Gose auch für jene einen Versuch wert, die mit Sauerbieren eher fremdeln. Zur recht milden Säure kommen hier feines Zitrusaroma und der Geschmack des Korianders. Dazu eine leichte Salzigkeit und milde Süße bei geringer Bittere. Ein tolles, frisches Sommerbier.

MALZ	●●●●○
AROMA	●●●○○
BITTERE	●○○○○
HEFE	●●○○○

BIERGATTUNG: Gose
GÄRUNG: obergärig
ALKOHOLGEHALT: 5,10 % vol.
STAMMWÜRZE: 12,50° Plato
IBU: 14

Zutaten: Wasser, Gerstenmalz, Weizenmalz, Hopfen (Perle), Hefe, Koriander, Salz, Milchsäure

Der Biersommelier

von Axel Kiesbye

Biersommeliers sind Personen mit der geschulten Kompetenz, Bier als Kulturgetränk um-
fassend zu beschreiben und ihr Bierwissen zu vermitteln. Sie verfügen über umfassende
Kenntnisse zu Geschichte, Herstellung, Arten- und Sortenvielfalt, Ausschank, Sensorik,
Menübegleitung und zu rechtlichen und finanztechnischen Bestimmungen. Sommeliers
sind die Vermittler zwischen Brauerei, Gastronomie, Handel und Konsument. Sie übernehmen dabei wichtige Kommunikationsaufgaben und sind kompetente Berater. Haupt-
aufgabe eines Sommeliers ist es, das sensorische Profil des Biers zu beurteilen.

Gerade die Craft-Bewegung zeigt die Vielfalt der Bieraromen auf, die sich in über
100 Haupt-Bierstilrichtungen offenbart. Der Biersommelier hat nicht nur den Überblick
über den internationalen Biersortendschungel, sondern er kann jeden Bierstil mit einem
passenden Glas, mit einem schönen Bedienritual und mit erläuternden Hintergrundin-
formationen perfekt in Szene setzen. Er findet die passende Speisenbegleitung und hat
die psychologischen Fähigkeiten, die Bierwünsche seiner Gäste schnell zu erkennen. Der
Sommelier stellt das Bier ins Zentrum seines Schaffens und kreiert um dieses Kulturgut
herum ein spannendes Tasting, eine aussagekräftige Bierkarte oder ein zielgruppen-
genaues Bierevent.

Wie wird man Biersommelier?

Die Doemens-Akademie in München und Kiesbye's Bierkulturhaus in Salzburg bilden
gemeinsam angehende Bierprofis aus: In 100 Unterrichtsstunden werden umfassendes
Wissen und Kompetenz vermittelt.

Mit der Einheit EBC (European Brewery Convention) wird im europäischen Raum die Farbstärke von Bier und Bierwürze beschrieben, genauer gesagt, wie viel Licht von Bier eines bestimmten Stammwürzegehalts absorbiert wird. Der Farbton jedes Biers ist nichts anderes, als eine Abstufung eines konkreten Brauntones in Varianten von rot, kupferfarben und bernsteinfarben bis hin zu goldgelb und hellgelb. Angewendet auf das Braumalz besagt der Wert, welche Farbe des Biers bei Verwendung eines bestimmten Malzes erreicht werden kann. Die endgültige Farbstärke des fertigen Biers hängt aber neben Malzfarbe und Stammwürzegehalt noch von vielen weiteren Faktoren wie der Würzebereitung, dem pH-Wert des Biers oder dem Gärverlauf ab.

Da die Ausbildung zum Diplom-Biersommelier sehr umfangreich ist, haben sich neben der klassischen Kursform in zwei aufeinanderfolgenden Wochen zu absolvierenden „Deutschland- und Österreich-Kursblöcken" auch alternative Kursformen entwickelt. So bieten beide Veranstalter auch Inhouse-Kurse für Firmen an, es gibt Upgradekurse auf andere Bier-Basisausbildungen. Kiesbye's Bierkulturhaus hat zudem einen modular (5 Kursblöcke à 1–3 Tage) aufgebauten Kurs zum Diplom-Biersommelier mit Schwerpunkt auf Gastronomie, Handel und Genuss entwickelt.

Alternativ dazu kann man beim Verband der Brauereien Österreichs zudem eine einwöchige Basisausbildung zum Biersommelier (ohne Diplom) machen, die mittlerweile an neun Standorten von örtlichen Brauereien durchgeführt wird.

In Österreich ist zudem sogar eine Ausbildung zum Bier-Jungsommelier an Schulen möglich, auf diese Ausbildung kann später aufgebaut werden. Dieses dreistufige Modell (Bier-Jungsommelier – Biersommelier – Diplom-Biersommelier) hat dem österreichischen Bildungsministerium so gut gefallen, dass es staatlich anerkannt und in ein Bundesgesetzblatt geschrieben wurde. Damit ist Biersommelier eine offizielle Berufsbezeichnung geworden.

Die Bier-Profis haben sich im „Verband der Diplom-Biersommeliers" vernetzt. Der Berufsverband hat mittlerweile mehr als 1100 Mitglieder. 🍺

Mehr Informationen findet man auf
biersommelier.org

Bierstil	EBC
	0
	1
	2
Berliner Weiße	3
	4
Kölsch	5
Helles Weißbier	6
Helles Lager, Export	7
Klassisches Pilsner	8
	9
	10
	11
	12
	13
Pale Ale	14
India Pale Ale	15
Märzen, Festbier	16
	17
	18
	19
Klassisches Weißbier	20
	21
	22
Helleres Alt	23
	24
	25
Double IPA	26
Dunkles Lager	27
	28
	29
Irisches Ale	30
	31
	32
Dunkleres Alt	33
	34
	35
	36
	37
	38
	39
	40
	41
Dunkler Bock	42
	43
	44
	45
	46
	47
	48
Dunkles Weißbier	49
	50
	60
	70
	80
	90
Schwarzbier	
Stout	100
Porter	110
	120
	130
Double Stout	140
Imperial Stout	150
	200
	250
	300

„ Für mich ist eine ideale Craft-Brauerei unabhängig von Brau-konzernen, hat eine Art Start-up-Charakter, ist privat geführt.“

NINA ANIKA KLOTZ

Im Gespräch mit der Craft-Expertin Nina Anika Klotz

VIELE WUSSTEN NICHT, DASS IHNEN WAS FEHLT!

Wer sich mit Craft Beer beschäftigt, kommt an Nina Anika Klotz nicht vorbei. Die Food-Journalistin und Biersommelière hat sich das Thema so zu eigen gemacht, dass man sie getrost als prominenteste deutsche Autorin zum Thema bezeichnen kann. Mit „Hopfenhelden" (hopfenhelden.de) hat sie zudem das erste deutsche Craft-Magazin gegründet. Sie kennt die deutsche Szene wie kein anderer.

> **"** Ich erlebe das oft, dass die meisten Leute ein Bier haben, an das sie sich erinnern. Das sind oft IPAs."

ANIKA KLOTZ

Wie bist du zum Craft Beer gekommen? Warst du vorher schon eine interessierte Biertrinkerin, oder hat dich das Thema erst mit Craft erreicht?

Ich war Biertrinkerin quasi per Geburt als Bayerin. Es war ganz normal, dass man Bier trinkt, und ich war auch der Überzeugung, gutes Bier zu trinken im Vergleich zu dem, was anderswo getrunken wird. Ich dachte, mit meiner Kenntnis eines Tegernseers oder Augustiners wäre ich auf der richtigen Seite des Bieres unterwegs.

Als Journalistin habe ich mich auf Essen und Trinken spezialisiert und bin so um 2012 auf den Markteintritt von BraufactuM aufmerksam geworden. Im Zuge der Recherche war ich dann auf der ersten Braukunst Live in München, der Craft-Beer-Leitmesse. Damals stellte ich fest, dass noch sehr viel mehr in dem Thema drinsteckt. Dass es nicht nur tolles Bier ist, sondern dass auch sehr gute Typen dahinterstecken. Aus einer journalistischen Perspektive also Leute mit richtig tollen Geschichten, mit Brüchen im Lebenslauf, mit viel Meinung. Leute, die Standpunkt beziehen, gern anecken. Ich fand die Typen einfach gut. So bin ich drangeblieben.

Damit war ich allerdings ein bisschen zu früh – ich bot das Thema immer mal bei meinen Auftraggebern an, stieß aber erst mal auf verschlossene Türen. Oft saßen da auch Männer in Entscheidungspositionen, die dachten: „Bier, dazu weiß ich doch schon alles." Also bin ich dazu übergegangen, es selbst aufzuschreiben. So fing „Hopfenhelden" an.

Natürlich hat sich mein Bierinteresse dann auch immer mehr verstärkt. Bei der Recherche probierte ich dann mein erstes IPA, das war schon ein ziemlicher Aha-Moment!

Ich erlebe das oft, dass die meisten Leute ein Bier haben, an das sie sich erinnern. Das sind oft IPAs. Dann war ich bei der ersten Bierverkostung mit Garrett Oliver von der Brooklyn Brewery, als er in Berlin war, dazu gab es Bier-und-Food-Pairings, was mir völlig fremd war. Da gab es zum Bier Sushi und ganz feine Sachen, und mir wurde klar, dass da noch sehr viel mehr geht.

Der Rummel ums IPA – ist das eine deutsche Sache, weil es das hier vorher nicht gab, oder ist es generell das Craft Beer schlechthin?

Ich denke, es gibt zwei Gründe, dass das IPA das Craft Beer wurde. Erstens ist es durchaus geeignet, den deutschen Biertrinker da abzuholen, wo er ist. Es ist am Ende ja auch ein helles Bier, das aussieht wie das, was er unter Bier versteht, schön bitter ist es auch. Würde man ihm ein Imperial Stout oder ein Sauerbier hinstellen, wäre das zu weit weg, zu anders, zu wenig biertypisch für ihn. Zweitens ist das IPA aber auch so weit weg vom Normal-Bier, dass der Brauer sich hier kreativ so richtig ausleben kann. Er kann ein Bier schaffen, das ein Geschmacksspektrum von Pfirsich bis Tannennadel abdecken kann. Das ist allein die Arbeit des Brauers. Wie hat er den Hopfen zusammengestellt, wann hat er ihn dazugegeben, wie hat er die Malzbasis dazu passend gemacht? Er hat da ganz viele Möglichkeiten, sich auszutoben und dem Bier auch eine sehr eigene Note zu geben. Ich glaube, deshalb sprechen auch immer so viele von IPAs.

Der Begriff Craft wird mittlerweile ja sehr strapaziert. Wie definierst du ihn?

Ich habe mich lange gesträubt, mich überhaupt in eine Definitionsdiskussion einzulassen. Aber dann wurde mir bewusst, dass es wichtig war, dass wir bei „Hopfenhelden" klarer dazu Stellung beziehen, was Craft für uns bedeutet. Wir haben fünf Punkte definiert, von denen vier greifen müssen, damit wir von Craft sprechen:

Das Wichtigste ist für mich, dass es eine Person oder ein Team gibt, die für dieses Bier stehen. Die man mit Namen kennt, deren Gesichter man kennt.

Dann ist wichtig, dass diese Person oder dieses Team mit dem Thema Bier kreativ umgeht. Also dass sie nicht sagen, ich braue ein Pils hier in Deutschland, weil ich festgestellt habe, das verkauft man hier sehr gut. Sondern dass sie zum Beispiel sagen, ich mache ein Pils, aber ich versuche das durch Hopfenstopfen außergewöhnlich zu machen oder mit Pfefferkörnern oder was auch immer.

Unabhängigkeit ist auch ein Kriterium: Für mich ist eine ideale Craft-Brauerei unabhängig von Braukonzernen, hat eine Art Start-up-Charakter, ist privat geführt.

Ein weiterer Punkt ist ein gewisser Qualitätsanspruch. Der Craft-Brauer, wie ich ihn verstehe, setzt auf hochwertige Rohstoffe, er verwendet Hopfenpellets oder Dolden statt

Viele Craft-Brauer verwenden verstärkt ganze Dolden, die das ganze Hopfenaroma ins Bier geben. Es werden beim Brauen nur die Dolden der weiblichen Pflanze verwendet.

Extrakte, er verwendet keine künstlichen Aromastoffe. Er verwendet auch in der Brautechnik keine Shortcuts. Er setzt auf hohe Qualität der Rohstoffe und der Produktion.

Und nicht zuletzt ist entscheidend, dass das Bier gut ist. Wobei „gut" subjektiv ist. Mir gefällt, wie die Jungs von der Berliner Bierfabrik das mal formuliert haben: Es muss schmecken, aber nicht jedem.

Also charakterisiert der Begriff Craft sowohl den Brauer als auch sein Bier?

Ja!

In Deutschland bildet man sich ja traditionell ziemlich viel ein auf seine Bierkultur. War das ein Trugschluss?

Nein, das war kein Trugschluss. Ich habe gerade ein Interview mit Bill Covaleski geführt, dem Gründer von Victory Brewing Company, einer der führenden Craft-Beer-Brauereien in den USA. Beide Gründer der Brauerei haben in Deutschland studiert, der eine war bei Weihenstephan, der andere war an der Doemens-Akademie, weil Deutschland eben damals, vor 30 Jahren, der Ort war, an den man ging, um Bierbrauen zu lernen. Es gab weltweit wirklich nichts anderes, was so sehr als Bier-Ort galt, als Deutschland.

Es war die Professionalisierung hierzulande?

Genau! Er nannte Deutschland die Wiege aller Qualitätsstandards in Sachen Bier. Wenn man Kung-Fu-Meister werden will, geht man in ein chinesisches Dorf, wenn man Sushi-Chef werden will, lernt man das in Japan, und wenn man Bierbrauer werden will, dann lernte man das die längste Zeit über in Deutschland. Ich bin mir ziemlich sicher, was die akademische Ausbildung angeht, ist das auch immer noch so.

Trotzdem glaube ich, dass viele junge Brauer jetzt auch daran interessiert sind, in die USA zu gehen, nach Australien zu gehen, generell ins Ausland zu gehen, um zu lernen, was dort noch möglich ist. Das ist, glaube ich, relativ neu.

Sind auch die deutschen Craft-Brauer stärker professionalisiert, haben die eher eine richtige Ausbildung im Gegensatz zu den Start-ups in Skandinavien, Italien oder anderswo?

Wenn man sich die Szene anschaut, das hält sich gut die Waage. Camba Bavaria zum Beispiel ist ein hochprofessionelles Brauerteam, wie man es in den USA nur selten finden würde. Da arbeiten über zehn ausgebildete Brauer. Deshalb waren die auch von Anfang an auf einem extrem guten Level unterwegs.

Manchmal sagt man allerdings auch, wegen der hohen Professionalisierung ist das Thema hierzulande langsamer vorangekommen als anderswo. Weil immer Leute da sind, die sagen, das kann man so nicht machen, das muss anders gemacht werden. Ich habe das so gelernt, das gehört sich so! Inzwischen aber ist die deutsche Szene in meinen Augen relativ bunt gemischt. Es ist auch eine gute Anzahl von Quereinsteigern dabei.

Es gibt natürlich auch Leute, die mit Hinweis auf die vielen deutschen Traditionsbrauereien sagen, Craft braucht man nicht, wir haben das doch alles schon hier.

Als wir mit „Hopfenhelden" anfingen, um 2013, hörte man das oft, dass die Traditionsbrauer defensiv waren und sagten, wir sind Craft, wir waren das schon immer, und ihr seid was anderes. Inzwischen aber erlebe ich immer öfter, dass man sich dem Craft-Thema sehr öffnet. Nicht indem man versucht, auf den fahrenden Zug aufzuspringen, sondern weil man gemerkt hat, dass das Craft-Thema ein bisschen wie eine Art Hohlspiegel wirkt. Leute, die über die Hipster-Schiene zum Craft Beer gekommen sind, fangen an, sich mit dem Thema Bier auseinanderzusetzen. Nicht nur mit Craft Beer, sondern auch mit den Traditionen, die es hier gibt. Und so kommen sie dann auch bei den Traditionsbrauereien an. Die Leute wollen jetzt generell mehr über das Produkt wissen.

Also belebt Craft in Deutschland insgesamt die Bierlandschaft, wovon auch die Traditionsbrauereien profitieren?

Ja!

Müssen Craft-Brauer Puristen sein?

Puristen wäre zu viel gesagt. Sie müssen vielleicht ein bisschen qualitätsbesessener sein als die Industriebrauer, sie müssen in anderen Dimensionen denken. Wenn man sich mit Craft-Brauern unterhält, die aus der Industrie kommen, die sagen als Erstes, dass sie umdenken müssen von diesen riesigen Volumina auf kleinere Mengen und auch im Detail das Beste rauskitzeln, was bei den riesigen Volumina nicht so wichtig ist. Dazu muss man ein bisschen detailversessen und qualitätsversessen sein.

Treten die deutschen Craft-Brauer „nur" in die Fußstapfen der amerikanischen Vorbilder?

Das konnte man ihnen anfangs vielleicht vorwerfen. In den ersten Jahren fing jede meiner Geschichten damit an, dass jemand ein IPA gebraut hat. Aber es gibt wie gesagt auch gute Gründe, warum viele mit IPAs anfangen, um den deutschen Biertrinker irgendwo abzuholen.

Wenn man bedenkt, dass die ganze Bewegung hier maximal fünf Jahre alt ist, und wir sind jetzt schon weg davon, dass alle nur IPAs brauen. Die Brauer haben das sehr schnell hinter sich gelassen und früh angefangen, sich auch auf andere Sachen zu spezialisieren. Manchmal springen sie vielleicht auf Trends auf, die noch nicht hier angekommen sind, aber gerade in den USA aktuell sind – Stichwort Sauerbier. Aber einige Brauer haben sich auch den deutschen Bierstilen sehr schön angenähert. Und sie haben sehr viel bewegt und sehr viel erreicht.

Dominierte das IPA die Bewegung in den USA und Großbritannien auch so stark, gab es das dort vorher wirklich gar nicht mehr?

„Ich würde mich den Forderungen aus Craft-Brauer-Kreisen anschließen nach einem Natürlichkeitsgebot als Alternative zu einem Reinheitsgebot." NINA ANIKA KLOTZ

Das englische IPA ist nicht wirklich mit dem amerikanischen zu vergleichen. Wenn man über Craft Beer und IPA spricht, dann denkt man eigentlich immer an das amerikanische IPA. Die englischen IPAs sind dagegen sehr viel weniger aromatisch, weniger fruchtig, was einfach am Hopfen liegt. Zumindest in den USA hatte man in den 60ern, 70ern wirklich eine Situation, in der es kaum was anderes gab als „Crisp Lager", was ja eigentlich gar kein Bierstil ist. „Crisp" ist einfach nur die Bezeichnung für „süffig", und Lager ist ja der Oberbegriff für ein untergäriges Bier. 90 Prozent des amerikanischen Biers fiel unter diese Kategorie.

Können auch Joint Ventures von Craft-Brauern und Industriebrauern funktionieren? Oder ist das letztlich nur ein Phänomen, bei dem die Industrie das kreative Potenzial absaugt?

Es gibt einige große Player auf dem deutschen Craft-Markt, die einen Corporate-Background haben. Die waren nicht immer unumstritten, aber man muss auch sehen, dass die sehr viel für die Szene getan haben, weil sie natürlich auch ganz andere finanziellen Möglichkeiten haben. Das ist nicht per se abzulehnen.

Wenn du darauf anspielst, dass Konzerne wie Heineken oder AB InBev sich in die Craft-Szene mischen, indem sie Anteile von Brauereien aufkaufen oder ganze Brauereien übernehmen, dann ist es noch zu früh, darüber ein finales Urteil zu fällen. Das ist massenweise passiert in den USA, und das Bier, das sie in diesen kleinen Brauereien brauen, ist immer noch gut. Vielleicht kommt das nach und nach, dass das Controlling von Anheuser-Busch anklopft und sagt, ihr müsst mal weniger Geld für Hopfen ausgeben.

Die Grundfrage ist ja, ob ein Mikrobrauer langfristig wirtschaftlich überleben kann, oder ob er, um zu überleben, nicht irgendwann semiindustriell werden muss.

Wenn man eine starke lokale Marke hat und nach Möglichkeit auch einen eigenen, direkten Absatz, seinen Ausschank, seine Bar hat, dann kann das durchaus funktionieren, auch wenn die Brauerei klein bleibt.

Sollte Craft Beer in den Supermarkt?

Ja! Als ich anfing, über Craft Beer zu schreiben und mit Leuten darüber zu sprechen, war immer die erste Frage: Wo kriege ich das denn her? Es war anfangs schwierig, darauf eine Antwort zu geben. Es ist manchmal frustrierend, sich mit einer Sache zu beschäftigen, die nicht flächendeckend verfügbar ist. Deshalb denke ich schon, dass es in den Supermarkt gehört. Es muss dort allerdings auch gut kommuniziert werden, transportiert werden. Es gibt ja zum Beispiel Biere, denen tut es nicht besonders gut, wenn sie ungekühlt rumstehen, aber eine Kühlkette dafür im Einzelhandel ist ja noch sehr weit weg. Das ist ein Thema, dass irgendwann wahrscheinlich auch dort mal angedacht werden muss.

Dann käme da natürlich auch der Preisdruck!

Es kann sich sicher nicht jeder leisten, sein Bier in den Supermarkt zu geben. Natürlich kann man sich überlegen, dass das auch Brand Building sein kann, wenn man sein Zugpferd in den Supermarkt stellt, damit Leute die Marke kennenlernen.

Kann denn ein Craft Beer wirklich 2 Euro pro Flasche kosten?

Kommt darauf an – ein Helles sicherlich. Ein Imperial Stout niemals.

Hat die Hopfenwirtschaft, hat der Hopfenanbau in Deutschland schon auf Craft reagiert?

Schon, das kann man etwa daran sehen, dass sich im Bereich Züchtung von Aromahopfen in Deutschland einiges bewegt. Das ist ja ein sehr langwieriger Prozess, die Forschung und Züchtung. Es dauert Jahre, bis da die ersten Dolden kommen, mit denen man arbeiten kann.

Es ist auf jeden Fall ein guter Weg, auf eigene Craft-geeignete Sorten zu setzen. Im Moment können die deutschen Anbauer preislich nicht konkurrieren mit dem amerikanischen Cascade zum Beispiel, der im Yakima Valley in Washington in gigantischen Mengen erzeugt wird.

Ist die Craft-Szene weiblicher als die traditionelle Bierszene?

Was die Konsumenten anbetrifft, ist es tatsächlich so, dass Frauen oft viel besser darauf ansprechen, weil sie weniger als Männer diese Barriere im Kopf haben und denken, sie wüssten schon alles über Bier. Was die Produzenten anbetrifft, weiß ich gar nicht, ob das zutrifft. Auch bei den deutschen Traditionsbrauereien gibt es eigentlich viele mit Frauen an der Spitze, das wurde nur nie so groß thematisiert. Ich glaube, in der Craft-Szene sieht man das vor allem viel besser, weil sie viel transparenter ist. Da geht es ja auch immer um die Menschen, die dahinter stehen.

Was glaubst du, wie die deutschen Brauer langfristig reagieren werden? Werden sie ihr Sortiment anpassen? Oder bleiben sie beharrlich bei ihren traditionellen Stilen?

Die machen das ja jetzt schon! Man muss sich nur mal in Berlin umschauen zum Beispiel. Da ist es wirklich so, dass die Brauereien fast alle schon was Neues gemacht haben in den letzten Jahren. Sei es ein Kellerbier oder mal ein Naturtrübes. Das ist für die keine große Sache, das können die auch schnell und einfach machen. Ich würde wetten, dass es der Craft-Bewegung geschuldet ist. Dass da die Marketingabteilungen sitzen und sagen, Mensch, die Leute interessieren sich neuerdings für Bier, die wollen was Besonderes, bieten wir ihnen auch was Besonderes! Zu wünschen wäre, dass die nicht nur ihr Portfolio erweitern und mehr Biere raushauen, sondern sich um die Qualität ihrer Biere kümmern. Dass die auch mal sagen, wir produzieren jetzt vielleicht auch insgesamt mal weniger Bier, das wir dann aber teurer verkaufen können, weil es einfach besser schmeckt, weil es ein besseres Produkt ist.

SCHÖNRAMER

IMPERIAL STOUT

Schwarz wie die Nacht kommt dieses kräftige Imperial Stout daher. Beinahe ölig, fast wie ein Likör trinkt es sich. Intensives Röstmalzaroma, dazu Kaffee, Bitterschokolade und süßes Lakritz, Waldbeeren und Vanille. Auch der hohe Alkoholgehalt von 9,5 % macht sich geschmacklich bemerkbar. Definitiv kein Bier zum nebenher trinken, süffig ist es definitiv nicht. Damit lassen sich auch Rotweinfans in Versuchung bringen.

MALZ   ●●●●○
AROMA   ●●●●●
BITTERE   ●●○○○
HEFE   ○○○○○

BIERGATTUNG: Stout
GÄRUNG: obergärig
ALKOHOLGEHALT: 9,50 % vol.
STAMMWÜRZE: 21,00° Plato
IBU: 50

Zutaten: Wasser, Gerstenmalz, Weizenmalz, Hafermalz, Hopfen, Hefe

Bricht Bier so langsam in die Wein-Gefilde ein?

Die Weinleute denken das. Winzer und Weinhändler denken tatsächlich oft, dass es dieselben Kunden sind, die sie auch gern möchten. Die jungen, urbanen Menschen mit einem guten Geldbeutel und viel Geschmack. Die sehen da schon eine wachsende Konkurrenz. Die klassischen Weintrinker sind ja meist Menschen mit einem weiten kulinarischen Horizont, aufgeschlossener. Sie interessieren sich sicherlich auch mal für gute Biere. Die sind dann leichter auf die Bierseite zu holen als die Biertrinker auf die Weinseite. Das bedaure ich manchmal etwas an der Bierszene. Was allgemeines kulinarisches Empfinden angeht, könnte die noch weiter sein. Es gibt viele Leute, die kennen sich unheimlich gut mit Bier aus, die interessiert aber überhaupt nicht, was sie dazu essen. Die interessieren sich oft auch nicht für Wein und haben keine Lust, sich durch Weine durchzutesten.

Droht ein Craft-Overkill?

Ich glaube, der war schon da. Das bekam man schon 2015 öfter zu hören: Schon wieder Craft!

Ich halte den Begriff Craft Beer aber für sehr wichtig, weil man etwas Griffiges braucht, um zu signalisieren, worum's geht. Natürlich schlägt das auch schnell um, das hat man generell in der ganzen Besseresser-Bewegung. Es gibt dann immer Leute, die sagen, das ist Schickimickizeug für Leute mit Luxusproblemchen. Das lässt sich nur schwer vermeiden.

Die ganze Kultur mit Streetfood, Bio und so weiter erfordert natürlich auch einen größeren Geldbeutel. Das Craft-Phänomen erreicht wahrscheinlich vor allem eine entsprechende soziale Klasse, Schicht.

Ja, wobei das sicherlich noch größer werden kann, als es jetzt ist. Das ist ja noch ein sehr junges Thema.

Sind die Craft-Brauer alle recht jung, oder täuscht das?

Ich würde sagen, das Gros der Brauer ist sicherlich so zwischen 30 und 45. Es gibt auch ein paar Jüngere, aber man muss ja ein Unternehmen gründen können, das macht man auch nicht mal so mit 23. Es gibt auch ein paar Ältere, die da mitmischen. Aber es scheint mir fast so, als fehle ab einem gewissen Alter auch ein bisschen die Flexibilität, dass man sich gerne noch mal auf einen völlig neuen Geschmack einlässt.

Was sind deine Lieblingsbiere?

Tilman Ludwigs Helles ist ein sehr schönes Beispiel dafür wie Craft Beer nicht total von jenseits des Mondes kommen muss, sondern eine Bayerin da abholt, wo sie geschmacklich herkommt, aber dann doch noch mal ein ganz angenehmes, anderes Bier ist.

Ich habe dunkle Biere sehr schätzen gelernt. Das können so tolle Stouts sein wie das Schönramer Imperial Stout. Das ist ja ein britischer Bierstil, es gibt aber auch tolle dunkle deutsche Bierstile. Camba Bavaria hat da ein paar im Portfolio.

In Berlin finde ich die BRLO-Biere alle sehr gut und solide, weil man sie gut trinken kann, auch ohne den ganzen Abend über sie reden zu müssen. Oder die Biere von Pax Bräu!

Gibt's ein gutes Alkoholfreies?

Ja, aber leider noch viel zu wenig. Aber das „überNormalNull" von der Kehrwieder Kreativbrauerei ist ein alkoholfreies IPA, das finde ich sehr gut. Und es gibt sehr gute alkoholfreie Weizenbiere, zum Beispiel von Unertl oder Lammsbräu. Aber das sind auch größere Brauereien. Es ist technisch sehr aufwendig und teuer, alkoholfreies Bier herzustellen. Deshalb gibt's noch nicht viele im Craft-Beer-Bereich.

Aber das Thema ist erkannt. Es gibt einige Brauer, die gerade auch an leichteren Bieren arbeiten. Was nicht einfach ist, denn Alkohol ist ja auch ein Geschmacksträger. Ein charakterstarkes Bier mit wenig oder gar keinem Alkohol zu machen ist gar nicht so einfach.

Die unvermeidliche Frage: Reinheitsgebot ja oder nein?

Ich glaube, die meisten in Bayern sehen das sportlich und sagen, ich erspar mir einen Haufen Ärger, wenn ich mich einfach dran halte. Außerhalb von Bayern ist das gar kein Problem, du stellst einen Antrag nach Paragraf 9, das kostet ein bisschen was, ist aber überschaubar. Das wird eigentlich immer bewilligt. Da kannst du brauen, was du willst. Nur in Bayern gibt's diesen Paragrafen nicht. Die meisten sagen sich, ich erspar mir das, denn die allermeisten Biere, die in Betracht kommen, kann ich ja nach dem Reinheitsgebot brauen. Bei einem IPA oder Porter ist das ja auch kein Problem. Anders ist es bei fruchtvergorenen Sauerbieren oder bei Gewürzbieren. Da kann man dann überlegen, einen Antrag zu stellen.

Ich glaube, man muss vorsichtig sein, wenn man jetzt fordert, das Reinheitsgebot komplett zu kippen! Da sehe ich tatsächlich die Gefahr, dass es dann auf EU-Recht angeglichen wird und dass dann Tür und Tor offen sind für irgendwelche E-Nummern und Aromastoffe. Das will ja auch der Craft-Verbraucher auf gar keinen Fall, der will das ja eigentlich noch viel weniger als der Industriebier-Trinker. Ich würde mich den Forderungen aus Craft-Brauer-Kreisen anschließen nach einem Natürlichkeitsgebot als Alternative zu einem Reinheitsgebot.

Der Ruf der Supermarktbiere ist in Craft-Kreisen ja bescheiden. Sie sind nicht besonders charakterstark, aber schlecht sind sie deswegen noch lange nicht. Wie siehst du die Supermarktbiere?

Nein, schlecht sind sie nicht! Dafür haben wir ja auch das Reinheitsgebot, das die Qualität des deutschen Durchschnittsbieres relativ hoch hält. Das sagte auch Garrett Oliver: Das ist der Grund, warum es in Deutschland so lange gedauert hat, bis Craft überhaupt ein Thema wurde. Weil das, was wir im Supermarkt kaufen können, total okay ist!

Also fehlte nur die Bandbreite?

Genau! Wir haben ja ziemlich viele Marken, aber letztlich nur wenige Bierstile, die gebraut wurden. Und deshalb wussten viele gar nicht, dass ihnen etwas fehlte! 🍺

Die Hallertau

Die Hallertau in Bayern ist das größte Hopfenanbaugebiet der Welt. Zwar haben die USA Deutschland in puncto Anbaufläche mittlerweile überholt, aber noch immer gilt die Region zwischen Ingolstadt und Landshut als die weltweite Nummer eins. Schon seit dem Mittelalter wird hier Hopfen kultiviert, heute liegt der Weltmarktanteil der Hallertau bei etwa einem Drittel. In den USA werden mittlerweile über 80 verschiedene Hopfensorten angebaut, in Deutschland hinkt man dagegen hinsichtlich der Vielfalt allerdings noch etwas hinterher: Gegenwärtig sind es erst 32 Sorten. Hopfenanbau ist eine langwierige Angelegenheit, es dauert mehrere Jahre, bis eine Pflanze erntereif ist. Deshalb ist der Ertrag von Aromahopfen wie „Cascade", die von den Craft-Brauern besonders benötigt werden, in Deutschland noch gering. Bei uns dominiert der bittere Alphahopfen, vor allem „Herkules" nimmt ganze 26 % der deutschen Anbaufläche ein. Während amerikanische Brauer deutschen Bitterhopfen kaufen, versorgen sich die deutschen Brauer vor allem mit amerikanischem Aromahopfen. Wichtigstes amerikanisches Anbaugebiet ist das Yakima-Valley im Bundesstaat Washington.

Zu Besuch bei Sven Förster

TRADITIONSBRAUER SIND CRAFT!

BETREIBER VON FÖRSTERS FEINE BIERE

Das Craft-Thema dreht sich vor allem um junge, urbane Mikrobrauer und ihre geschmacksintensiven Biere. Was bei dem ganzen Rummel manchmal übersehen wird, ist, dass sie nicht die Einzigen sind, die sich der Handwerkskunst des Bierbrauens mit Leib und Seele verschrieben haben. Ganz im Gegenteil: Deutschland ist reich an kleinen bis mittelgroßen Traditionsbrauereien, die zum Teil schon seit Jahrhunderten – nicht selten bis heute im Familienbetrieb – erstklassige Biere produzieren.

Diese Brauer haben es geschafft, den oftmals billigeren Supermarkt-bieren die Stirn zu bieten und trotz der Übernahmeschlachten der vergangenen Jahrzehnte ihre Unabhängigkeit zu bewahren.

Allerdings, anders als viele Jungbrauer, die ihre Experimen-tierfreude in einer bunten Vielzahl von Biersorten verwirklichen, konzentrieren sich die meisten Traditionsbrauer auf wenige, heimi-sche Bierstile. Also kein IPA oder Stout, stattdessen Bayrisch Helles, Weißbier, Alt, Mär-zen, Bock und so weiter. Internationale Preise kassieren diese Brauer sowieso seit eh und je, doch überregional wurden sie in Deutschland zu wenig beachtet. Aus heutiger Sicht scheint das ziemlich unverständlich, und glücklicherweise ändert sich das nun! Denn die Craft-Bewegung hat schon jetzt vor allem eines erreicht: Sie hat dafür gesorgt, dass sich wieder mehr, sehr viel mehr Menschen für Bier interessieren. Auch wenn die alteingeses-senen Brauer den Medienhype anfangs mit banger Skepsis verfolgten – wuchs doch gerade in Zeiten des rückläufigen Bierkonsums eine superagile Generation von neuen Konkur-renten heran –, mittlerweile hat sich die Erkenntnis durchgesetzt, dass alle, die sich dem Thema Qualitätsbier verschrieben haben, von der neuen Bierbegeisterung profitieren.

BOTSCHAFTER DER VIELFALT

Einer, der sich ganz diesen Traditionsbieren verschrieben hat, ist Sven Förster. In Steglitz, im Südwesten Berlins, betreibt er weitab der üblichen Craft-Beer-Routen seit 2014 die Bar „Försters Feine Biere", die man getrost als erste Adresse für Bierliebhaber bezeichnen kann. Wer die Vielfalt und Stärke der deutschen Traditionsbrauer kennenlernen möch-te, wer auf Entdeckungsreise durch heimische Bierstile gehen möchte, der ist hier genau richtig. Förster hat zu jedem Bier eine Geschichte zu erzählen, er kennt die meisten Brauer persönlich.

Über seinen Werdegang sagt er: „Das Thema Bier hat mich privat immer begleitet. Ich war viel unterwegs, gerade im Süden, in Bayern und Österreich. Da kommt man automatisch mit anderen Bieren in Kontakt, und ich habe immer festgestellt, dass mir diese Biere besser schmeckten als die in Berlin. So entstand die Idee, diese Biere nach Berlin zu bringen. Ich hab auf Reisen dann immer mal bei einer anderen Brauerei Zwischenstopp gemacht. So kam dann über 20 Jahre einiges zusammen!" Die Trophäen dieser Reisen kann man in der Bar bewundern, die mit einer beeindruckenden Sammlung unterschiedlichster Bierseidel dekoriert ist. Seinen Weg zum Bier fand er, anders als viele klassische Craft-Fans, nicht übers IPA. Und auch nicht über das Craft-Phänomen. „Das spielte für mich und die Entscheidung für die eigene Bar überhaupt keine Rolle. Vieles von dem, was wir hier machen, hat sich ja parallel dazu entwickelt. Die Biere, die wir hier verkaufen, sind schon immer da gewesen! Wir möchten den Leuten zeigen, wie groß die deutsche Biervielfalt ist."

Im Angebot hat er rund 70 Biere, sechs vom Fass, darunter auch zahlreiche Craft-Biere. Wer also ein Pale Ale oder ein Stout sucht, wird hier genauso fündig wie Liebhaber von Bamberger Rauchbier, Altbier oder Weißbier. Schon die Bierkarte liest sich wie ein mit Leidenschaft verfasstes Lexikon, die Handschrift des ausgebildeten Biersommeliers ist unübersehbar.

„Bei über 50 Prozent der Biere sind wir die Einzigen, die das in Berlin ausschenken", sagt Förster mit Blick auf die Karte.

Er sieht sich als Botschafter der Biervielfalt. „Bei uns geht es vor allem um Bierstile. Es geht um Pils, Helles, Export, Märzen, Kölsch, Alt, Bockbier, Doppelbock, Rauchbier. Da gibt es genügend Fragen, die die Leute beantwortet haben wollen, weil dazu eigentlich kein Wissen da ist. Was sind die Unterschiede zwischen einem Pils und einem Hellen? Wie kommt der Rauchgeschmack ins Rauchbier? Das sind alles Fragen, die wir beantworten. Bei uns können die Leute die Unterschiede ja auch schmecken!" Dass man seinen Anspruch an das Bier, das man trinkt, ruhig auch etwas höher schraubt – darum geht's eigentlich.

In den letzten zwei, drei Jahren ist im Biergroßhandel viel passiert, die Händler reagieren natürlich auf das gesteigerte Interesse und nehmen viele Biere neu in ihr Programm auf. So etabliert sich langsam wieder eine erfreuliche Vielfalt. Aber wie war das vorher, wie schaffte man es als Gastwirt, so viele Brauereien im Angebot zu haben? Die Antwort ist: Indem man zu ihnen hinfährt. Persönliche Kontakte sind ihm sehr wichtig, sagt Förster. „Ich kenne etwa 80 Prozent der Brauer, deren Biere wir hier anbieten, persönlich." Da geht es mitunter auch privat zu: „Letzten Sommer waren wir wieder bei Schönram und haben dort zusammen gegrillt und Fußball geschaut. So macht es auch viel mehr Spaß, die Sachen zu verkaufen, wenn du die Leute kennst, die hinter den Produkten stehen."

Eine Grundvoraussetzung für Bewegung in der Bierlandschaft ist ja, dass der durchschnittliche Biertrinker neugierig wird auf Biere und Stile, die er noch nicht kennt. Ist es schwierig, Leute dazu zu bringen, auch mal andere Biere zu trinken? Nicht, wenn man dafür ausgebildet ist, sagt der Sommelier. „Ich habe 2013 die Biersommelierausbildung gemacht. Da bist du vier Wochen den ganzen Tag mit Leuten zusammen, die auch nur an Bier denken. Das gibt dir noch mal einen Motivationsschub. Danach kam ich nach Hause und sagte zu meiner Frau, wir machen nur Bier, nichts anderes!" Dazu gehört natürlich auch unternehmerischer Mut. Försters Konzept ist konsequent, und es geht auf. In seiner Bar findet man weder eine Eismaschine noch eine größere Kaffeemaschine, denn es geht

Brandys Braugarage:
- East Bavarian Lager 0,5l : 4,90
- Amarillo Weisse 0,5l : 4,90
- Habe der Weisse 0,5l : 4,90
- Ruaßiger Woiperdinger 0,5l : 4,90
- Black Magic Woman 0,5l : 5,50

Altbier: • Schumacher Alt 1l : 10,-
         • Uerige Alt 0,5l : 4,50
         • Uerige Sticke 0,3l : 5,50
Rauchbier: • Spezial 0,5l : 4,50
           • Rittmayr 0,5l : 4,50
         • Schlenkerla Urbock 0,5l : 5,50
Festbier: • Schönramer 0,5l : 4,5
Gose: • Weldebräu 0,33l : 4

Försters Bierauswahl umfasst neben Craft-Bieren viele traditionelle Biere geschichtsträchtiger Privatbrauer.

wirklich fast ausschließlich um Bier. „Wir fahren dieses Konzept wirklich sehr spitz und voller Überzeugung! Und das hat die Leute dann neugierig gemacht. Viele Leute sagten, eine richtige Bierkarte hatten sie noch nie gesehen." So gewann er schnell eine dankbare und anspruchsvolle Stammkundschaft. „Wir hatten relativ schnell Gäste, die zwei-, dreimal die Woche gekommen sind. Manche hatten dann nach fünf, sechs Wochen alle Biere durch. So hat sich unser Konzept entwickelt, weil wir denen dann immer was Neues bieten wollten." Anfangs hatte Förster rund 30 verschiedene Biere, das Angebot wuchs kontinuierlich. Von den sechs Fassbieren sind vier dauerhaft: ein klassisches Pils, ein Bayrisch Helles, ein naturtrübes Bier aus dem Bamberger Raum und ein lokales Bier aus Berlin. Beim Bayrisch Hellen tut es ein 50-Liter-Fass, während er für die anderen mit 30er-Fässern und bei Spezialbieren mit 20er-Fässern arbeitet. „Damit wir einen schnellen Durchlauf haben. Das ist in der Gastronomie oft ein großes Problem. Es macht wenig Sinn, ein Bier zwei Wochen am Hahn zu haben, denn es wird mit keinem Tag wirklich besser." Zwei Fassbiere wechseln ständig, „das zieht die Leute enorm an!".

Förster ist anspruchsvoll, und seine Gäste sollen es auch sein. „Wir geben Bier-Knowhow weiter. Dass man Bier auch anspruchsvoll trinken kann. Dass man auch mal ein Bier zurückgehen lassen kann. Wenn es keine Kohlensäure hat oder sauer ist. Wenn es zu viel sprudelt. Das sind die Sachen, die die Leute bei uns mit auf den Weg kriegen."

Försters Kunden kommen, weil sie wissen, dass sie bei ihm etwas Besseres kriegen als das übliche Einerlei. Aber wie definiert ein Gastronom mit Sommelierausbildung ein gutes Bier?

„In erster Linie muss es mir schmecken." Also alles rein subjektiv? „Im Endeffekt bin ich auch nur ein Biertrinker, der das Bier danach beurteilt, ob ich auch noch ein zweites und drittes davon trinken möchte. Ich trinke gern Biere, die mir ein gutes Körpergefühl geben. Wenn ich kein gutes Körpergefühl habe, dann macht mir das Produkt keinen Spaß." Ande-

BIEREMPFEHLUNG

NR. 8/13

SCHÖNRAMER
HELL

> „Mich fasziniert immer wieder, wie sauber ein Bier schmecken kann. Ich trinke es mit großer Begeisterung. Im Sommer kommt es vor, dass ich davon ein 50-Liter-Fass an einem Tag ausschenke!"

SVEN FÖRSTER

MALZ	●●●○○
AROMA	●●●●○
BITTERE	●●○○○
HEFE	●○○○○

BIERGATTUNG: Helles
GÄRUNG: untergärig
ALKOHOLGEHALT: 5,00 % vol.
STAMMWÜRZE: 11,90° Plato
IBU: 19

Zutaten: Wasser, Gerstenmalz, Hopfen

rerseits sind ja stärkere, intensivere Biere nicht schlecht, nur weil man von ihnen keine anderthalb Liter pro Abend trinken kann. Es kommt immer auf den Moment an, sagt Förster. Im Sommer, wenn man durstig ist und vielleicht im Biergarten sitzt, passt ein leichtes Pils natürlich eher als ein schweres Stout. Andere Biere brauchen andere Momente. IPA, Stout, Bock trinkt er „vielleicht nicht ganz so oft im Jahr, eher wie Wein, nur ein Glas". Für ihn und die meisten seiner Gäste sind aber nicht – wie sonst überall – die Pale Ales die Favoriten, sondern ganz klassisch Pils, Helles und Weizen. „Ich denke, auch die starken Biere haben ihre Berechtigung, aber für mich persönlich ist das oft zu viel Geschmack, zu viel von allem. Zu viel Alkohol, zu viel Hopfen, zu viel Malz. Aber das beurteilt natürlich jeder anders."

Auch er sieht die Gefahr einer IPA-Schwemme. „Diese obergärigen, hopfenbetonten Biere sind eben auch leichter zu brauen. Für Jungbrauer ist das attraktiver, es gibt ja auch eine wachsende Nachfrage danach. Es ist natürlich auch etwas komplett anderes als das, was es bei uns bisher gab."

PILS IST DIE KÖNIGSDISZIPLIN

Zu dem insgesamt gestiegenen Anspruch zählt auch eine sich schneller wandelnde Nachfrage nach bestimmten Bierstilen. Das führt er durchaus auf die Craft-Bewegung zurück. „Der Markt für ungewöhnliche Biere wuchs erst richtig mit dem Craft-Thema. Es ist unglaublich interessant mitzuverfolgen, wie die Stile, wie diese Welle sich verändert. Vor zwei Jahren kamen die ganzen IPAs. Und jetzt kommen die Bierfreaks, die sagen, sie können keine IPAs mehr sehen, sondern wollen stattdessen endlich mal ein gutes Bockbier!" Einem, der sich die Pflege der Vielfalt auf die Fahnen geschrieben hat, kommt das natürlich entgegen. An den Craft-Brauern schätzt er die Experimentierfreude, die Bereitschaft zum Risiko. Aber der ultimative Bierstil ist für Förster noch immer das ganz klassische Pils. Denn das, so ist er überzeugt, gelingt nur wirklich guten Brauern. „Das Pils ist noch immer die Königsdisziplin für den Brauer! Es verzeiht dir keine Fehler. Die filigranen Biere wie Helles oder Pils verlangen dem Brauer alles ab. Ein gutes Pils riecht absolut sauber." Die alternativen Bierstile wie IPA oder Stout sind dagegen „vollgeknallt mit Hopfen, das beeindruckt die Leute dann auch erst mal". Wie Musik, die Zwischentöne mit Lautstärke übertönt. Sie rauszuhören erfordert einiges an Training. „So ein Bier sensorisch auch mal zu beurteilen, ob es eine Harmonie hat, das können relativ wenige. Wenn der Brauer im Pale Ale einen Fehler macht, dann haut er noch mal Hopfen in den Lagertank. So kriegt man in erster Linie erst mal diese Aromatik, diesen Flash. Das wird die Fehler dann auf jeden Fall übertünchen." Bei einem weniger intensiven Bier kann sich der Brauer dagegen keine Fehler erlauben. „Daran lassen sich Brauereien messen, dass sie ein sehr gutes Pils machen, ein schönes Lager. Helles oder Pils wirken zuerst vielleicht etwas langweilig, aber das sind die Biere, die den Brauer am meisten fordern."

NEUER ANSPRUCH, NEUE MÖGLICHKEITEN

Fehlte den Deutschen bislang diese anspruchsvolle Haltung, was das Bier angeht? Vielleicht.

„Wir haben natürlich ein hohes Bierselbstbewusstsein in Deutschland, worauf wir uns auch ein bisschen ausgeruht haben." Woran lag's? „Ich glaube, dass das Reinheitsgebot eine große Rolle spielte. Viele Leute dachten, wenn's nicht nach dem deutschen Reinheitsgebot

> **„** Im Endeffekt bin ich auch nur ein Biertrinker, der das Bier danach beurteilt, ob ich auch noch ein zweites und drittes davon trinken möchte."

gebraut ist, kann's nicht gut sein. Und wenn's nach dem Gebot gebraut wurde, muss es gut sein." Möglicherweise hat das auch nach der Öffnung des deutschen Biermarktes in den 1980er-Jahren eine grundsätzliche Neugierde für andere Bierstile ausgebremst. Eigentlich hätte man ja annehmen können, dass die Aufhebung der Importverbotes für nicht nach deutschem Reinheitsgebot gebrautem Bier schon damals ordentlich frischen Wind bringen würde. Aber das Gegenteil fand statt, die 90er-Jahre sahen eher eine weiter fortschreitende Verarmung und die Dominanz der milden und weitgehend charakterlosen Fernsehbiere.

„Ich glaube, dass das Reinheitsgebot viele Leute auch ein bisschen blind gemacht hat", sagt er mit Blick auf die vergangenen Jahrzehnte. Denn zumindest in den Supermärkten gab es ja lange nichts außer den Standardbieren der Großkonzerne. Vergleichsmöglichkeiten boten sich dem Konsumenten kaum. „Es geht um Vielfalt. Wenn man nur die Fernsehbiere bekommt, wird man die auch mit Begeisterung trinken. Hat man aber eine Vielfalt, wird man wahrscheinlich relativ schnell merken, dass es auch Interessanteres gibt! Und diese Vielfalt hat jahrelang gefehlt. Das wird seit ein paar Jahren immer mehr Leuten bewusst."

BIEREMPFEHLUNG

NR. 9/13

MORITZ FIEGE

PILS

> " Das ist eines der besten Pils-Biere, die wir in Deutschland haben! Ein Pils mit außerordentlichem Charakter."

SVEN FÖRSTER

MALZ ●●○○○
AROMA ●●●○○
BITTERE ●●●○○
HEFE ●○○○○

BIERGATTUNG: Pilsener
GÄRUNG: untergärig
ALKOHOLGEHALT: 4,90 % vol.
STAMMWÜRZE: 11,45° Plato
IBU: 35

Zutaten: Wasser, Gerstenmalz (Pilsener Malz, helles Karamell-Malz), Hopfen (Perle, Tettnanger)

Eine Chance, die auch die Traditionsbrauer sehen und nutzen. Auch wenn viele auf das Craft-Phänomen zunächst mit Skepsis reagierten, setzte sich schnell die Erkenntnis durch, dass dies im Grunde eine riesige Chance für alle ist. „Das hat einen unglaublichen Push auch für die Traditionsbrauereien ausgelöst. Die merken, dass ihre Arbeit auf einmal wieder wertgeschätzt wird! Die machen ja im Prinzip nichts anderes als das, was sie die ganze Zeit gemacht haben. Aber jetzt wird es anerkannt, und das heißt, sie können für den Kasten vielleicht auch mal einen Euro mehr nehmen."

Die Position der Brauer bei den Preisverhandlungen mit Discountern und Ketten ist heute also deutlich stärker. Die Erkenntnis, dass Qualität ihren Preis haben muss, verändert ja zurzeit den Konsum von Lebensmitteln insgesamt.

Das hat auch Auswirkungen auf den Handlungsspielraum der Brauer. Die Bereitschaft, ein Risiko einzugehen, auch mal ein anderes Bier zu brauen, wächst. „Die machen jetzt vielleicht eher auch mal was mit Hopfenflavour." Wenn vor zehn Jahren kleine fränkische Brauereien Pale Ales oder Sauerbiere gemacht hätten, dann wären sie höchstwahrscheinlich auf den Bieren sitzen geblieben. Heute bieten sich da ganz neue Möglichkeiten und Perspektiven.

WAS IST EIGENTLICH TRADITIONSHANDWERK?

Manche Begrifflichkeiten sind letztlich zweitrangig, findet Förster. Aber wir benutzen sie dennoch, deshalb kommt man um eine Klärung nicht herum. „Für mich ist eine fränkische Brauerei, die seit 250 Jahren mit hochwertigen Rohstoffen handwerklich Bier braut, auch Craft!" Und der Begriff „Traditionshandwerk"? „Weit über die Hälfte der Brauereien, die wir hier ausschenken, existieren wahrscheinlich schon über 300, 400 Jahre im Familienbesitz. Das ist für mich traditionelles Brauhandwerk." Standvermögen spielt eine Rolle. Überleben in schwierigen Zeiten, und davon gab es in Deutschland ja definitiv genug im 20. Jahrhundert. „Wenn die das alles überlebt haben und mutig ihren eigenen Weg gegangen sind. Da geht's um die Identität, um die Personen." Aber dennoch wird man den Eindruck nicht los, dass Deutschlands alteingesessene Brauer ein bisschen experimentierfreudiger sein könnten. Neben dem perfekt ausbalancierten Pils vielleicht hier und da mal etwas Ungewöhnliches. Es muss ja nicht immer gleich ein IPA sein, die Möglichkeiten sind ja schier unbegrenzt. Man muss sie nur nutzen. „Das Thema Bier bietet einem Brauer ja unheimlich viel. Und ich glaube, dass sie da sehr zurückhaltend waren. Und sich auf dem ausgeruht haben, was sie hatten." Dass es auch anders geht, hat zum Beispiel die Brauerei Schönramer bewiesen. Die 1780 gegründete Brauerei wagte sich als eine der ersten bayerischen Traditionsbrauereien auf Neuland. „Die haben schon vor fünf, sechs Jahren ein Pale Ale rausgebracht. Eines der ersten in Bayern. Und ich glaube, das ist eine ihrer erfolgreichsten Marken, gleich nach ihrem Hellen!" Das Resümee? „Viele haben sich auf ihren Lorbeeren ausgeruht, die haben aber auch die Probleme geerntet. Und die, die innovativ waren, sind belohnt worden."

Und das eigentliche Handwerk? „Eine Brauerei wie Schönramer ist in den letzten Jahren auch stark gewachsen. Da wird natürlich nicht mehr wie vor 200 Jahren Bier gebraut." Auch hier muss man sich von romantisierten Vorstellungen verabschieden, Traditionsbrauer machten noch alles von Hand. Wie bei den Craft-Brauern geht es Förster hier in erster Linie ums Endprodukt. „Es geht darum, welche Rohstoffe verwendet werden. Dass die Hopfenbauern immer die gleichen sind. Viele Traditionsbrauer kennen die Hopfenbauern persönlich. Die kaufen nicht auf dem Weltmarkt ein, sondern die haben ihre festen Getreidebauern mit Verträgen über 20, 30 Jahre. Vermutlich ist das letztlich teurer, aber sie wissen, wo ihr Getreide herkommt."

DIE HALLERTAU IST AUSVERKAUFT!

Wenn es um die Rohstoffe geht, sind alle Brauer Konkurrenten, egal ob groß oder klein, ob alt oder jung. Gerade jetzt, wo der Bedarf an Hopfen schneller steigt, als die Hopfenbauern ihren Anbau anpassen können. „Die Nachfrage ist extrem gestiegen. Das führt auch dazu, dass mache Brauereien bestimmte Biere einstellen müssen, weil die bestimmten Hopfensorten nicht mehr verfügbar sind. Große Brauereien sichern sich Hopfenkontrakte über Jahre. So kommen kleine Brauereien immer schwieriger an die Rohstoffe. Die haben oft nicht die finanziellen Mittel, das lange im Voraus zu bezahlen. Es heißt, dass die Hallertau für die nächsten zehn Jahre ausverkauft ist!" Goldene Zeiten also für Hopfenbauern. Aber auch dort vermisst Förster ein bisschen Flexibilität. „Viele Hopfenbauern haben verlernt, mit ihrer Pflanze umzugehen. Weil sie nur das angebaut haben, was die Brauereien nachgefragt haben. Also in Deutschland speziell Bitterhopfen. Weil hier viel Pils gebraut wurde." Mit dem Resultat, dass sich deutsche Brauer nun vor allem auf dem amerikanischen Markt mit Aromahopfen bestücken. Und das geht auf Kosten der Qualität, ist sich Förster sicher. „Der amerikanische Markt spielt generell eine unglaubliche Rolle, weil die amerikanischen Brauer sich auf dem deutschen Markt bedienen. Und umgekehrt. Aber was die deutschen Brauer auf dem amerikanischen Markt bekommen, ist Zweit- oder Dritt-Qualität. Der amerikanische Markt bedient ja erst mal seine einheimischen Teilnehmer. Oder es wird sehr teuer!"

Jetzt, da geschmacksintensivere Biere immer populärer werden, könnte sich auch der lang anhaltende Trend zu immer milderen Pilsener umkehren. Aber das erfordert einen langwierigen Umgewöhnungsprozess, glaubt Förster. „Das mit der Bittere ist auch ein gesellschaftliches Thema, weil wir überhaupt nicht mehr bitter schmecken können. Es wird ja überall aus den Lebensmitteln rausgezüchtet. Das muss man erst wieder erlernen. Und das geht nicht über Nacht." Eine gewisse Neugierde auf Geschmack muss schon vorhanden sein und die Bereitschaft, es auf mehrere Versuche ankommen zu lassen, um herauszufinden, ob etwas einem schmeckt. „Manche wissen gar nicht, dass sie bitter mögen! Beim Bier kann man auch mit weniger Bittere anfangen und sich dann steigern. Mit einem Bier, das mehr Malzkörper hat. Also eine malzige Süße, die die Bitternote schön ummantelt. Und wenn ich mich daran gewöhnt habe, kommt mir vielleicht das Bier, das mir anfangs zu bitter war, jetzt gar nicht mehr so bitter vor."

Es bewegt sich viel im Moment, es sind spannende Zeiten für Bier-Fans. Der lange sehr statische deutsche Biermarkt ist endlich in Bewegung, das ist auch Ausdruck eines generellen Mentalitätswandels. „Da wächst eine junge Generation heran, die sich wieder viel mehr mit Moral und Ethik beschäftigt und sich bewusster ernährt." Die neue Sortenvielfalt hat sich schon jetzt dauerhaft etabliert, ist sich Förster sicher. „Pale Ale, Stout, Porter, Berliner Weiße, das sind ja traditionsreiche Bierstile, die schon lange da sind. Ich glaube, dass ein IPA schon jetzt einen festen Platz zwischen Pils, Hellem, Lager und Weißbier hat. Ich glaube, die Leute können heute sogar mehr mit dem Begriff IPA anfangen als mit Export und Märzen. Das wird die nächsten Jahre fest zur deutschen Bierkultur gehören." 🍺

BIEREMPFEHLUNG

NR. 10/13

SCHNEIDER WEISSE

MEIN AVENTINUS

,, „Ein tolles Bier für die kalte Jahreszeit. Man kann sich das auch, wenn man erkältet ist, warm machen und mit Honig süßen, heiß trinken. Ist hervorragend bei Erkältungen. Ein unglaublich komplexes Bier."

SVEN FÖRSTER

MALZ ●●●○○
AROMA ●●●●○
BITTERE ●●○○○
HEFE ●●●○○

BIERGATTUNG: Hefeweizen
GÄRUNG: obergärig
ALKOHOLGEHALT: 8,20 % vol.
STAMMWÜRZE: 18,50° Plato
IBU: 16

Zutaten: Wasser, Weizenmalz, Gerstenmalz (Hallertauer Herkules), Hopfen, Hefe

Das Berliner Hopfenreich

IM BIER-HIMMEL!

Berlin ist die deutsche
Craft-Beer-Hauptstadt.
Das klingt vielleicht nicht
besonders überraschend, aber
wer noch vor zehn Jahren
in der Spree-Metropole in
Sachen Bier unterwegs war,
der konnte sich durchaus
wie in einer Wüste fühlen.
Eine Wüste mit zahlreichen
kleinen Oasen zwar, aber
dennoch eine Wüste.

n der Gastronomie herrschte weitestgehend tristes Einerlei vor, und man konnte froh sein, wenn's zum obligatorischen Beck's zumindest eine Alternative gab. Die berlinischen Biertraditionen hingegen waren praktisch mausetot. Das traditionelle Bier der Region, die Berliner Weiße, gab es, wenn überhaupt, nur noch als klebrige Sirupmischung in den Varianten rot oder grün. Viele wussten nicht einmal mehr, dass die Weiße (ohne Sirup) eine eigene Biersorte ist. Sie galt nicht ohne Grund als vom Aussterben bedroht. Bevor die Craft-Welle Berlin erreichte, gab es noch eine einzige letzte Brauerei, die Berliner Weiße herstellte. Selbst das seit 1996 alljährlich im Sommer stattfindende Internationale Berliner Bierfestival änderte an der fehlenden Biervielfalt der Stadt zunächst wenig.

Kaum gewachsene Traditionen, viel Publikum und ein nach permanentem Wandel dürstendes Kulturleben – damit war Berlin geradezu ideal für eine Bierrevolution. Kein Wunder also, dass diese dann auch in dem Melting Pot an der Spree durchstartete. Die Zahl der Brauereien wächst rasant, und auch die Zahl der Bars, die sich Craft Beer verschrieben oder zumindest geöffnet haben, nimmt unaufhörlich zu. Kaschk, Monterey, Szimpla, Muted Horn, Home, The Pier, daneben viele Brewpubs, also Brauereien mit eigenem Ausschank – Berlins Craft-Szene boomt.

Mittendrin, in Kreuzberg, liegt das Hopfen reich, eine der besten Craft-Beer-Bars überhaupt. Mehr Craft geht kaum. 22 Biere vom Fass, ständiger Wechsel, dazu bis zu

Der Standort der 2014 gegründeten Bar ist nicht ganz zufällig gewählt. „Hier wird seit 100 Jahren Bier getrunken", erzählt Barbetreiber Mark Hinz. Und zwar beseelt vom revolutionären Geist, möchte man hinzufügen. Denn die erste Bar, die an diesem Ort vor rund 100 Jahren eröffnete, war neben dem Biergenuss auch dem badischen Revolutionär Friedrich Hecker gewidmet. Davon zeugt das Wandgemälde, das die Betreiber des Hopfenreichs bei der Renovierung unter den abblätternden Farbschichten der vergangenen Jahrzehnte fanden. Es könnte also keinen besseren Ort geben für eine Bierrevolution. Obwohl man auch in Kreuzberg Revoluzzern ja nicht immer nur wohlgesinnt ist, besonders wenn sie mit dem Hipster-Stigma daherkommen. Doch damit halten sich die Hopfenreich-Betreiber nicht auf, und auf dankbares Publikum mussten sie auch nicht lange warten.

30 Flaschenbiere. Durstig bleibt hier keiner. Ideal für Entdeckungsreisen in Sachen Bier.

Mark Hinz, Christian Dierken und Igel in ihrem Refugium, dem Berliner Hopfenreich.

Im Grunde ist das Hopfenreich ein ungarischer Import. Attila Kiss, einer der Betreiber, hatte in Budapest bereits Erfahrung mit einer boomenden Craft-Bar gesammelt. Anderswo in Europa ist man in puncto Craft ja bekanntlich schon weiter als in Deutschland. 2013 veranstalteten die Hopfenreich-Macher dann zum ersten Mal das Braufest Berlin, das erste internationale Craft-Beer-Festival der Hauptstadt. Von da an ging's bergauf, und

HIMBURGS BRAUKUNST KELLER

AMARSI

Unter den unzähligen Double IPAs, die es mittlerweile gibt, zählt das geschmacksintensive Amarsi sicherlich zu den besten. Die fruchtigen bis herben Aromen der Aromahopfen erinnern an Mandarine, Orangenschale, Grapefruit, Rhabarber und Mango, während eine malzige und karamellige Süße die intensive Bittere gut balanciert. Gleichzeitig harmonisch und charakterstark.

„Stärkstes IPA in Deutschland."
CHRISTIAN DIERKEN

MALZ	●●○○○
AROMA	●●●●○
BITTERE	●●●●○
HEFE	○○○○○

BIERGATTUNG: Double IPA
GÄRUNG: obergärig
ALKOHOLGEHALT: 8,10 % vol.
STAMMWÜRZE: 18,00° Plato
IBU: 66

Zutaten: Wasser, Gerstenmalz (Münchner- & Karamell-Malz), Hopfen (Amarillo, Simcoe)

der Wunsch nach einer eigenen Bar ließ nicht lange auf sich warten. Heute haben sie sogar zwei Bars, denn in Berlin-Neukölln befindet sich die Schwester-Bar des Hopfenreichs, die IPA-Bar. „Ziel war eigentlich, dort 100 IPAs anzubieten, das haben wir noch nicht erreicht. Aber es ist definitiv so, dass die IPA-Bar sehr, sehr viele IPAs hat. 30 bis 40 sind es mindestens!" Ein kleines Craft-Imperium ist also entstanden.

Ein Brewpub ist das Hopfenreich nicht, noch nicht. Zwar hat man auf Festivals schon gebraut, aber eine eigene Biermarke steht bislang noch auf der To-do-Liste. „Das wird sicher kommen", sagt Hinz. Einen eigenen Braumeister hat das Hopfenreich eh schon, denn Christian Dierken, der Barmanager, ist „diplomierter und sonst was" Brauer mit sporadischer Brauerfahrung. „Ich habe in der Ausbildung, so 2009, zum ersten Mal Cascade-Hopfen verwendet. Den hat damals noch ein Kollege im Flugzeug mitgeschmuggelt im Handgepäck. Das war schon toll. Aber das konnte man damals in der Brauerei, wo ich war, nur schwer verkaufen. Das haben damals die Kollegen nicht verstanden, und die Gäste noch weniger." Eine Geschichte, die man genau so sehr oft hört: Die Zeit war einfach noch nicht reif. Warum eigentlich? „Man sagt immer, dass der Leidensdruck anderswo größer war als in Deutschland", sagt Dierken. „Hier gab es schon gutes Bier, nur die Vielfalt fehlte." Hinz ergänzt: „Das deutsche Weizenbier war schon immer sehr gut. Schneider oder Maisel brauen das ja auch schon sehr, sehr lange."

Vielfalt wird im Hopfenreich ganz, ganz groß geschrieben. Von den 22 Fassbieren sind nur drei bis vier fest, ansonsten gilt: „Fassbierwechsel ist, wenn das Fass leer ist! Dann kommt etwas Neues. Es muss immer eine Mischung da sein. IPA natürlich, was Ausgefallenes, was Saures." So kam die Bar in der noch recht kurzen Zeit ihres Bestehens mittlerweile schon auf rund 100 Biere, grob geschätzt. Wie überall in der Craft-Szene spielt auch im Hopfenreich das Miteinander eine wichtige Rolle. Hinz: „Wir haben viele Veranstaltungen mit internationalen Brauereien, das sind immer coole Abende. Events sind bei uns sehr wichtig! Ein- oder zweimal im Monat sind Brauer bei uns zu Gast und erzählen persönlich ein bisschen zu ihren Bieren." Das regelmäßige Tap Takeover, bei dem das Hopfenreich Brauern die Zapfanlage zur Verfügung stellt, gehört zu den Highlights. Eine lebendige Craft-Kultur pflegt man auch mit Tastings, Vorträgen und Diskussionen.

Die Landkarte der Biervielfalt weckt die Lust auf unbekannte Bierstile.

Das Hopfenreich ist eine lupenreine Craft-Beer-Bar mit allem Drum und Dran, aber das heißt nicht, dass sich im Angebot nicht auch mal eine Traditionsbrauerei wiederfindet. Schließlich brauen ja auch viele Urgesteine der Craft-Szene schon länger, als das Label „Craft" hierzulande gebräuchlich war. „Es ist ja nicht so, als würden sich alle deutschen Craft-Brauer erst seit vier, fünf Jahren mit dem Thema beschäftigen", sagt Dierken. „Schoppe, Lemke, selbst BrewBaker oder Hops & Barley brauen ihre Biere schon weitaus länger, aber früher halt nicht unter dem Label Craft Beer."

Hinz: „Craft ist für mich der Begriff für den aktuellen kulinarischen Trend. Craft Beer ist handwerklich gebrautes Bier, aber das gibt's ja auch schon seit zwei-, dreihundert Jahren." Doch das neue Label „Craft" ist schon praktisch, weil es eine Idee transportiert. „Das Label ist schon wichtig aus Sicht des Vermarktens. Als wir anfingen, musste man das alles erst mal jedem lange erklären. Aber mittlerweile hat sich Craft etabliert, und den meisten Leuten ist klar, worum es geht. Da müssen wir nichts mehr erklären." Ein allgemeines Grundverständnis ist nicht ganz unwichtig, schließlich muss der Gast ja auch begreifen, warum er für ein Craft Beer einen höheren Preis bezahlt.

Das Publikum wächst und entwickelt sich genauso dynamisch wie die Szene. Dierken: „Es ist interessant, das zu beobachten. Wie viele, die sich anfangs noch nicht so richtig rangetraut haben, sich dann langsam gesteigert haben. Die Nachfrage nach den stärkeren Sachen wächst." Hinz: „Die Leute wissen heute auf jeden Fall besser Bescheid. Die meisten kommen gezielt hier her und wissen, worauf sie sich einlassen."

Berlin als Schmelztiegel, als Stadt, die in den vergangenen sechs, sieben Jahren einen enormen internationalen Zuzug erlebt hat, profitiert natürlich auch davon, dass die vielen Neubürger frische Impulse aus ihren Heimatländern mitbringen. Das dürfte gerade für die Craft-Szene von entscheidender Bedeutung gewesen sein, denn viele Zugezogene kommen aus Ländern, wo das Craft-Phänomen schon viel weiter entwickelt ist. Hinz: „Anfangs kamen sehr viele internationale Gäste und sagten, wir haben nur darauf gewartet, dass endlich eine Craft-Beer-Bar aufmacht. Die haben darauf gewartet, auch mal ein anständiges IPA oder Stout in einer Bar trinken zu können." Hinz: „Viele Gäste kommen auch ganz gezielt, um Berliner Biere zu probieren!" Deshalb ist die Regionalität bei der Auswahl der angebotenen Biere nicht ganz unwichtig. Hinz: „Wir haben mit die größte Auswahl an Berliner Bieren. Auch in der IPA-Bar gibt es ein ganzes Regal mit Berliner Bieren."

Die Einkaufskriterien des Hopfenreichs beschreibt Dierken so: „Es sollte konzernunabhängiges Bier sein. Dann sollte es ein kleines bisschen exklusiv sein. Es ist immer schön, wenn man eine Geschichte hat zum Bier, zur Brauerei, zu der Person, die dahinter steht. Wichtig ist, dass die Brauereien innovationsbereit sind und immer wieder neue Sachen ausprobieren, versuchen, neue Wege zu gehen. Wir lassen uns auch immer gern überraschen mit neuen Bieren." So findet sich im Angebot neben den klassischen IPAs, Sauer-

> **"** Wichtig ist, neben den starken Sorten auch solche anzubieten, die eine hohe Drinkability haben [...]. Es kommen ja oft auch Leute, die einfach nur ein leichtes Bier trinken wollen."

bieren und Stouts auch Traditionelles wie Biere von Schönramer zum Beispiel. „Wir hatten auch schon Kellerbier oder Weizen von Traditionsbrauereien."

„Wichtig ist, neben den starken Sorten auch solche anzubieten, die eine hohe Drinkability haben, Helles oder Pils zum Beispiel. Es kommen ja oft auch Leute, die einfach nur ein leichtes Bier trinken wollen." Man muss also kein Puritaner sein, um eine erfolgreiche Craft-Bar zu betreiben. Und wer wirklich gar kein Bier möchte, für den gibt's Wein, Longdrinks, Whisky, Wodka, Gin und alkoholfreie Getränke. Nur den großen Kaffeeautomaten haben sie wieder abgebaut. Nimmt zu viel Platz weg und wird zu selten gebraucht!

Selbstverständlich wird eine Bar wie das Hopfenreich auch von den Brauereien zunehmend umworben. Egal, ob Craft-Mikrobrauerei oder Konzern mit eigenem Craft-Label, sie alle werben auf ihre eigene Art um den Platz auf der Bierkarte. Vor allem die Großen der Branche gehen dabei manchmal auch schon regelrecht überprofessionell vor, was nicht unbedingt auf Gegenliebe stößt. Besonders einige der größeren amerikanischen Craft-Brauereien treten längst mit einem professionalisierten, druckvollen und durchset-

> **Es gibt Brauer, auf die man sich verlassen kann. Da weiß man, dass man immer gutes Bier bekommt."**

zungsfähigen Marketing auf. „Da wird keine Gelegenheit ausgelassen, sofort die eigenen Biere reinzudrücken."

Berlin wird für Brauereien aus dem Ausland immer attraktiver, gerade weil die Szene hier noch im Wachsen ist. Hinz: „Es passiert immer häufiger, dass internationale Brauereien sich vornehmen, sie möchten jetzt Berlin erobern. Es kommt auch vor, dass die dann einen Vertreter vorbeischicken. Für die ist das richtiges Klinkenputzen!" Dierken: „Man schaut dann schon genau hin, ob das jetzt Leute sind, die nur einen Trend mitnehmen wollen." Proben bekommen sie sowieso reichlich, und natürlich sind nicht immer alle gut. Vor allem der Barmanager, der entscheidet, welches Bier aufgenommen wird und welches nicht, muss hier den Überblick behalten. Was angesichts der unüberschaubaren Craft-Landschaft in Europa nicht ganz einfach sein dürfte. „Es gibt Brauer, auf die man sich verlassen kann. Da weiß man, dass man immer gutes Bier bekommt. Viele neue probiert man natürlich selbst. Man probiert sich auf Veranstaltungen durch. Alles können wir nicht. Leider. Oder vielleicht auch zum Glück." Immer wieder gibt es natürlich auch richtige Exoten, Sauerkrautbier zum Beispiel. „Das habe ich blind eingekauft, ohne es vorher zu testen, das wollte ich einfach haben!" Und die Nieten-Quote? Einige Kritiker sagen ja hinter vorgehaltener Hand, 60 Prozent des Craft Beers sei Mist. Dierken: „Bei uns sind es eher sechs Prozent! Es gibt halt auch die, die noch rumprobieren." Und es gibt die, die immer professioneller werden. „Die Biere von Stone Brewing sind schon auf einem sehr hohen Niveau. Interessant ist, dass solche Brauereien wie Stone, wenn sie nach Deutschland kommen, sehr gern zurückgreifen auf die deutschen Brauer, auf Brauer, die in Deutschland ausgebildet wurden!" 🐌

BIEREMPFEHLUNG

NR. 12/13

HEIDENPETERS

IPA

„ Eins meiner Top-
Biere konstant,
Biere, die ich
durchweg und immer
empfehlen kann."

MARK HINZ

MALZ ●●○○○
AROMA ●●●○○
BITTERE ●●●●○
HEFE ○○○○○

BIERGATTUNG: India Pale Ale
GÄRUNG: obergärig
ALKOHOLGEHALT: 5,30 % vol.
STAMMWÜRZE: 14,50° Plato
IBU: 50

Zutaten: Wasser, Gerstenmalz (helles
Karamell-Malz, Münchner Malz Typ I,
Pale Ale Malz), Hopfen (Amarillo, Cascade,
Citra), Hefe

Das Geschmackswunder

DIE UNENDLICHE VIELFALT DER BIERAROMEN

VON AXEL KIESBYE

Bier hat eine Aromenvielfalt
wie kaum ein anderes Getränk.
Auch wenn bis vor ein paar
Jahren kaum jemand Bier damit
in Verbindung gebracht hat.
Denn Aromenvielfalt bedeutet
letztendlich, nicht jedem
gefallen zu können.

> **„** Die persönliche Bierauswahl ist ein Statement, das Zeichen von Selbstbestimmung und -verwirklichung."

J eder Mensch baut im Lauf seines Lebens eine persönliche Präferenz für bestimmte Aromen auf. Das können aufgezwungene Lebenserfahrungen aus der Kleinkindzeit sein. So ist Babymilchpulver schon mit Vanillearoma versetzt, damit dann im Erwachsenenalter ebenfalls Produkte mit Vanillegeschmack bevorzugt werden. So ist das Vanilleeis unsere beliebteste Eissorte geworden!

Andere Lebenserfahrungen wie Reisen in ferne Länder, die Beachtung von ethnischen oder religiösen Regeln oder die neuen „Frei von ..."-Produkte prägen laufend unseren Geschmackssinn.

Was der eine liebt, zum Beispiel Zitrusaromen, kann für den anderen „abscheulich" sein, weil er mit diesem Aromaeindruck Putzmittel oder Kloreiniger verbindet. Umso mehr verschiedene Aromen ein Bier hat und umso intensiver diese sind, desto mehr Menschen fühlen sich von dem ein oder anderen Eindruck abgeschreckt.

Wenn ein Brauer daher viel Bier verkaufen will, muss er logischerweise Biere herstellen, die eine geringe Vielfalt an Aromen beinhalten. So war und ist es seit Jahrzehnten das Ziel insbesondere der national und international agierenden Großbrauereien, möglichst neutrale Biere herzustellen. Die aber zur Ehrenrettung auch die Eigenschaft haben, selbst in Mikrogramm keine sogenannten Fehlaromen zu besitzen. Da neutrale Biere eben nichts maskieren, hat sich die Forschung an den Universitäten auf die Eliminierung von negativen Einflüssen von Licht, Wärme, Luft und unerwünschten Mikroorganismen konzentriert.

Dagegen hat sich nun der neue Megatrend der Multioptionalität entwickelt. „Man ist, was man isst" beschreibt eine Generation von Konsumenten, die sich über ihre Konsumgewohnheiten definieren. So unterschiedlich die Lebenserfahrungen unsere individuelle Ausprägung und Sensibilität der Sinne geformt haben, so individuell ist unsere Suche nach dem für uns passenden, perfekten Bier! Die persönliche Bierauswahl ist ein Statement, das Zeichen von Selbstbestimmung und -verwirklichung. Bei Instagram existieren aktuell rund zwei Millionen Fotos zum Thema „Ich und mein Bier". Selfies von sich und seinen Getränken und Speisen zu machen ist en vogue.

Dieses Bedürfnis nach dem quasi „personalisierten Biergeschmack" ist der Nährboden für die Craft-Beer-Bewegung. Selbst die verrücktesten Kreationen finden ihren Bierliebhaber oder ihre Bierliebhaberin. Klassische Bierfehler wie milchsäure- oder butterartiger Töne werden gesellschaftsfähig, und sogar ein im allgemeinen Verständnis negativer Duft nach Schweiß wird durch die Brettanomyces-Biere trendig und lecker. Und weil das so ist, können die Kreativbraumeister nun alle technologisch möglichen Grenzen der Bierbereitung ausloten und Biere zu wahren Aromenbomben entwickeln.

DIE AROMAQUELLE WASSER

Bleiben wir zunächst im Umfeld der Biere, die nach dem Reinheitsgebot gebraut werden, sind die vorrangigen Aromaquellen die erlaubten vier Rohstoffe Wasser, Malz, Hopfen und Hefe mit ihrer förmlich explodierenden Vielfalt.

Wird das Brauwasser zwecks Standardisierung in der industriellen Bierherstellung noch vielfach aufbereitet und vor allem bezüglich der Wasserhärte entmineralisiert, geschieht dies schon aus Kostengründen bei den Craft-Brauern nicht oder nur in eingeschränktem Maße. Dabei stellt das Wasser den Fingerabdruck der Region dar. Es durchläuft bis zu seiner Förderung die regionalen Gesteins- und Bodenschichten und nimmt dabei molekular, beginnend als Regentropfen, auf dem Weg zum Braukessel die wasserlöslichen Elemente unseres Periodensystems auf. Entsprechend gleicht kein Brauwasser dem anderen. Ein Grund dafür, dass auch die Braubranche den Begriff Terroir für sich entdeckt hat. Denn die im Wasser gelösten Bestandteile reagieren mit den anderen Brauzutaten, dienen beispielsweise der Hefe als Wuchs- und Nährstoffe und haben direkten Einfluss auf den Säuregehalt des Bieres.

DAS MALZ MACHT BIER ZU BIER

Was für den Winzer die Weintraube,
ist für den Brauer das Malz.

Malz als angekeimter und getrockneter Getreidesamen ist die Stärkequelle für den Brauprozess, aus dem der findige Brauer dann zunächst verschiedene Zuckerarten und schlussendlich durch die Vergärung auch den bunten Strauß an Aromen gewinnt. Der Mälzungsprozess hat die Natur als Vorbild. Ist das Korn im Spätsommer reif, fallen die Samen zu

Boden – wenn nicht der Bauer zuvor die Ernte einfahren und zur Mälzerei transportieren würde. Der Mälzer bringt nach der Keimruhe das Getreidekorn in Stimmung, indem er durch das sogenannte Weichen schwere Frühjahrsregenfälle simuliert. Das Korn erwacht aus dem Winterschlaf und beginnt sich mit Wasser vollzusaugen und startklar für das Wurzeln zu machen. Danach wird „Schönwetter" eingestellt, und das Korn beginnt zu keimen – sogenanntes Grünmalz entsteht. Würde der Mälzer nun der Natur freien Lauf lassen, sähe es bei ihm aus wie in einer Plantage. Doch die Energie, die der Samen für die Bildung von Wurzeln, Stängeln und Blättern benötigt, wäre dann für den Brauer später verloren. Daher unterbricht er den Keimungsprozess durch das „Darren" – das Trocknen –, wodurch das Malz dann auch viele Monate lagerfähig wird.

Während des Keimens entstehen im Malz zahlreiche Enzyme, die vorrangig die Aufgabe haben, den im Korn eingelagerten Energiespeicher – die Stärke – in Zucker umzuwandeln. Das vorrangige Ziel des Mälzens ist es daher nicht, bereits möglichst viel Stärke in Zucker umzuwandeln, sondern die für den späteren Sudprozess wichtigen Enzyme zu bilden.

Während des Mälzungsvorgangs hat der Mälzer viele Möglichkeiten des Einflusses. Der Feuchtegehalt und die Temperatur regeln vornehmlich das Keimen, die Trocknungstemperaturen und -zeiten den Karamellisierungsgrad und die Malzfarbe. Wird das Malz dann auch noch entspelzt, also von der äußeren, feinen Haut befreit, und in einer Rösttrommel geröstet, entstehen weitere Spezialmalze. Grundsätzlich kann jedes Getreide zu Malz umgewandelt werden, auch wenn von der Zusammensetzung und der technischen Verarbeitbarkeit her vor allem Weizen, Gerste und Roggen vermälzt werden. Dennoch ergeben sich daraus über 100 verschiedene Malzsorten, wobei die Variationsbreite durch die verschiedenen Mälzereien und eingesetzten Getreidesorten noch viel höher liegen dürfte. Auch hat man festgestellt, dass es durchaus jahrgangsbedingte Schwankungen in der Getreide- und damit Malzqualität gibt und auch hier das Terroir, also das Anbaugebiet, eine Rolle spielt.

DAS GRÜNE GOLD

Hopfen als Aromaboost für das Bier

Ohne Hopfen gäbe es heute vielleicht kein Bier mehr. Denn die einzigartigen Eigenschaften des Hopfens sind für eine gute Bierqualität unerlässlich. Seine antibakterielle Wirkung im Bier hat bereits im Mittelalter zur Volksgesundheit beigetragen und hilft heute noch Haus- und Hobbybrauern mit ihren vielfach einfachen Methoden und Gerätschaften, gutes Bier zu erzeugen. Die Bittersäuren im Hopfen tragen zur Klärung des Bieres bei und machen den Bierschaum besonders cremig. Die wohltuende, nicht nachhängende Hopfenbittere rundet jedes Bier ab und bringt den Gesamtgeschmack in Balance und Harmonie. Besonders spannend sind jedoch die ätherischen Öle des Hopfens. Durch neue Hopfenzüchtungen konnte die Bandbreite an Aromen nochmals erhöht und die Intensität gesteigert werden. Neben den klassischen Bitter- und Aromahopfensorten gibt es neuerdings besonders gut duftende „Flavorhops", die nicht nur einen Einfluss auf Geruch und Geschmack haben, sondern auch auf die Textur. Sie geben dem Bier einen zusätzlichen Körper.

Allein durch die Variationsdichte des Hopfens hat sich die Aromenvielfalt im fertigen Bier potenziert. Rund 300 Hopfensorten sind aktuell am Markt verfügbar, mit stark steigender Tendenz. Der Hopfenbauer hat aber eine noch viel größere Klaviatur zur Verfügung. So sind beim Hopfen das Terroir und der Jahrgang besonders wichtig. Dazu kommen noch der Erntezeitpunkt und die Art der Weiterverarbeitung zu getrockneten Hopfendolden, gepresstem Hopfenpulver oder Hopfenextrakt.

DAS AROMEN-UNIVERSUM DER BRAUHEFE

Als vierter Braurohstoff gilt die Hefe, die in der Regel als Reinzuchthefe eingesetzt wird und von einer Hefebank bezogen und dann in den Brauereien weitergeführt wird. Lange Jahre schlief die Hefe einen langen, tiefen Dornröschenschlaf. Die Brauer setzten hierzulande immer die gleichen Stämme für ihre Biere ein. Das war der sichere, unkomplizierte Weg. Denn so ein „Lebewesen" kennenzulernen und bei Laune zu halten, ist viel schwieriger, als dem Bier Wasser oder getrocknete Zutaten beizugeben. Außerdem könnte sich ein neuer Stamm auch unkontrolliert in der Brauerei verbreiten und so unerwünschte Aromen in manche Bierstile eintragen. Denn schon die allgemeine Biersortenklassifizierung zeigt die elementare Bedeutung des Hefestamms für das Bier auf; alle untergärigen Biere sind Lagerbiere, alle obergärigen Biere Ales.

Die Schatzkammer eines jeden Brauers – die Hopfenaufbewahrung. Den Hopfen beziehen die Brauer oft als gepresste Pallets in handlichen luftdichten Beuteln, die konstant gekühlt werden müssen. Dies verhindert einen Verlust des Aromas und macht die Portionierung einfacher.

Der Megatrend Craft Beer ist bei den kreativen deutschen Braumeistern angekommen. Für authentische Bierstile aus Übersee, Belgien, Skandinavien, Österreich oder Italien sind Hefestämme notwendig, welche die „typisch" fremdländischen Aromen erzeugen, resistenter gegen höhere Alkoholgehalte sind oder für besondere Bierstile wie alkoholfreies Bier oder „Brett"-Biere zwingend notwendig sind. Internationale Hefebänke ordnen gerade ihre Bestände nach Aromaausprägungen. Allein in der „National Collection Of Beer Cultures" in Großbritannien lagern griffbereit 3000 Hefestämme, dazu kommen noch besondere Kulturen für Sauerbiere & Co.

Die Vielfalt wird gerade erst entdeckt und lässt für die Zukunft noch unendliche Spielräume. Wissenschaftler sind überzeugt, dass 50 Prozent des Bieraromas von der Hefe bestimmt werden, und wer ein Hefeweizen mit einem Kölsch, Pale Ale oder Lager vergleicht, kann diese Aussage bestätigen.

UNENDLICHE KOMBINATIONSMÖGLICHKEITEN

Die Kombinationsmöglichkeiten aus der Vermischung von 100 Malzsorten, 300 Hopfenarten und 3000 Hefestämmen sind quasi unendlich, da ja für Bier in der Regel mehrere Malz- und Hopfensorten und manchmal auch mehrere Hefestämme eingesetzt werden und dadurch die Vielfalt an Kombinationen noch mal potenziert wird.

Nun ist Bier aber kein klassisches Lebensmittel, bei dem nach einer detaillierten Rezeptur Dinge vermischt und zu etwas Neuem vereint werden. Bier hat eine Seele, die der Braumeister über sein besonderes Brauverfahren und die eingesetzte Brautechnik zusätzlich beeinflussen kann. Dabei gibt es viele Einflussfaktoren wie Zeiten, Drücke, Tempe-

Gehören für Axel Kiesbye untrennbar zusammen: gutes Essen und ein gutes Bier.

raturen, Mischungsverhältnisse und Strömungen oder Scherkräfte an Rührwerken und Pumpen, die der Brauer kennt und zum Wohle der Qualität steuern kann. Dazu kommt aber immer noch ein Faktor X, den es beim Bierbrauen immer geben wird, der einfach da ist oder von der Laune der Natur abhängig ist. Dazu zählen die Höhenlage der Brauerei, das gerade vorherrschende Klima am Brautag, die Einflüsse der Behältergeometrien und -materialien, die Vitalität der Hefen und das besondere „Händchen" des Brauers. Und gerade das macht ja Bier aus; das eben nicht alles vorbestimmbar ist.

Mit zusätzlichen Rohstoffen oder dem Ausbau in Holzfässern kann dem Bier dann noch ergänzend eine unerwartete Nuance oder geschmackliche Wendung mitgegeben werden.

Das Bieraroma ist auch nichts Statisches. Mit der Zeit reift das Bier im Lagerkeller, in der Flasche oder im Fass. Ähnlich wie beim Wein reagieren die Aromastoffe miteinander, wirkt der Einfluss der Lagertemperaturen und des im Bier befindlichen Luftsauerstoffs. Sogenannte Vintage-Biere haben Aromen, beispielsweise nach Vanille, Cognac oder Toffee, die in frischen Bieren nicht vorkommen. Allein durch die gekonnte Einlagerung von Bier in kühlen und dunklen Bierkellern kann das Aromenspektrum noch mal erweitert werden.

Zusammengefasst beinhaltet Bier ein Aromenspektrum wie kein anderes Lebensmittel. Darum passt es auch so gut zu vielen Speisen. Denn neueste Untersuchungen zeigen, dass sich aromatische Moleküle, die in vielen Speisen oder in Gewürzen und Kräutern vorkommen, auch im Bier finden lassen und sich so eine Harmonie am Gaumen einstellt.

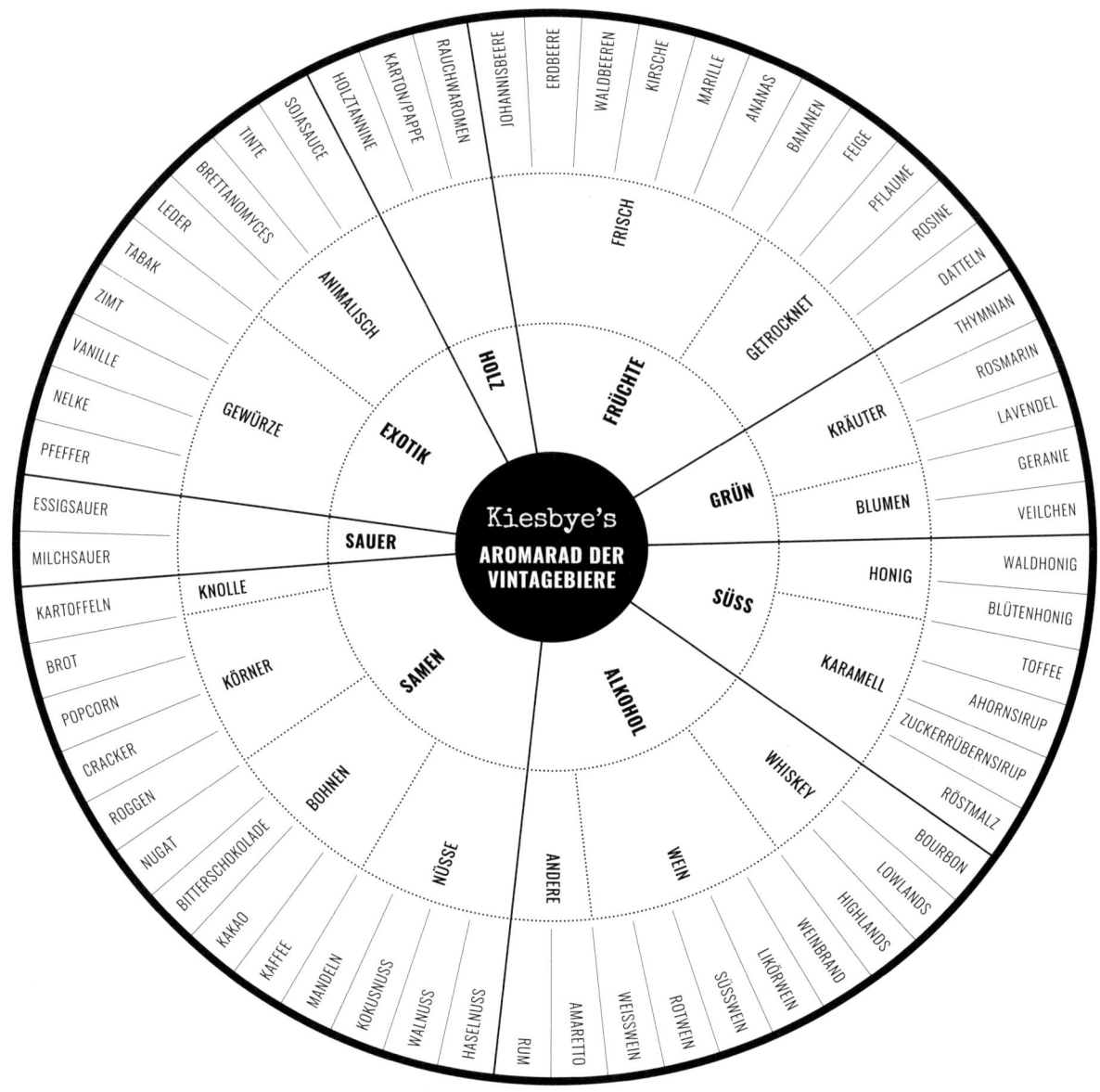

WAS IST BIERGESCHMACK?

Wenn wir vom Geschmackswunder Bier sprechen, so
handelt es sich richtigerweise um die sensorische
Wahrnehmung aus Riechen, Schmecken und Fühlen.

Vieles, was wir im allgemeinen Sprachgebrauch als Geschmack bezeichnen, ist tatsächlich
ein Geruch. Mit seinen Geruchsrezeptoren kann der Mensch 10 000 Gerüche differen-
zieren. Der Geruchssinn steht dem Menschen auch schon vollständig bei der Geburt zur
Verfügung, was die Wichtigkeit dieses „Messsensors" unterstreicht. Das Riechen erfolgt
von „vorn" (orthonasal) über unsere Nasenöffnungen und von „hinten" (retronasal) über
den oberen Nasengang ins Riechzentrum. Darum riechen wir auch beim Kauen und Schlu-

cken, was dann fälschlicherweise als Geschmack wahrgenommen wird. Wie wichtig die Nase für den Geschmack ist, zeigt sich bei Schnupfen. Ist die Nase verstopft, können wir beim Biertrinken nur noch die Grundgeschmacksarten süß, sauer, salzig und bitter über unsere Geschmackspapillen der Zunge schmecken. Der Geschmack ist also etwas ganz Primitives, der auch nur mit wässrigen Lösungen wie Bier funktioniert. Dahingehend ist der Geruchssinn viel selektiver. Die Aromastoffe können in verschiedenartigen „Lösungsmitteln" wie Wasser, Alkohol oder Öl gelöst sein, verdampfen dann in Abhängigkeit von Temperatur und Oberfläche, werden flüchtig und gelangen so zu den Geruchsrezeptoren der Nase. Orthonasal aufgenommene Aromastoffe werden als Geruch beurteilt, retronasales Riechen als Bestandteil des Geschmacks. Die Aromaeindrücke können durchaus voneinander abweichen, da der Mundraum (Speichel, Temperatur, Verweildauer usw.) die Freisetzung von flüchtigen Aromastoffen beeinflusst.

Aber es ist noch komplizierter. Denn manche Wahrnehmungen im Mundraum im Zusammenhang mit dem Geschmack haben weder mit unserem Geschmacks- noch mit dem Geruchssinn zu tun. Dazu zählen das Wärmeempfinden, das Spüren der prickelnden Kohlensäure und des sich erwärmenden Alkohols, die Samtigkeit beziehungsweise Viskosität des Bieres, die Klebrigkeit, die Trockenheit oder der Eindruck von Schärfe oder Adstringenz. Diese physikalischen oder chemischen Eigenschaften machen das Bild vom Geschmackswunder Bier komplett. Denn zusätzlich zu der Variationsbreite der eingesetzten Rohstoffe, der Einflussfaktoren durch die Brautechnologie und -technik, des unbekannten Faktors X kann der Braumeister sein Wunderwerk Bier auch noch haptisch „tunen". So schwankt der Kohlensäuregehalt im Bier zwischen drei und sieben Gramm Kohlensäure pro Liter – zwischen fast „schal" und „sehr spritzig". Und der ölige Eindruck mancher Starkbiere stammt von sogenannten Dextrinen (große Zuckermoleküle, die nicht vergoren werden konnten) und Peptiden (große Eiweißmoleküle), die der Braumeister durch Maßnahmen im Sudhaus bis ins Bier rettet.

Doch es wird noch faszinierender. Unsere „Messinstrumente" in der Nase, auf der Zunge und auf der Mundschleimhaut können nur das „erschmecken", was zu ihnen gelangt. Und da hat der Braumeister einen „fünften Rohstoff" zur Verfügung: das Bierglas! Je nach Design des Bierglases können flüchtige Aromastoffe im Riechraum des Glases aufkonzentriert werden. Die Glasform bestimmt die Überströmungen der Geschmackspapillen der Zunge und hat Einfluss auf die Verweildauer des Bieres im Mund. Selbst die Körperspannung und damit auch die Aufnahmefähigkeit von sensorischen Reizen kann das Bierglas beeinflussen. Das Geschmackswunder Bier erlebt durch die Wechselwirkungen mit dem Glas eine weitere Potenzierung der Vielfältigkeit.

Die Erfassung des Geschmackswunders Bier setzt sich also aus Riechen, Schmecken und Fühlen zusammen, optimiert durch das zum Bierstil passend ausgesuchte Bierglas.

Dabei kann unser „Messinstrument" noch viel mehr: Es misst beispielsweise permanent, das heißt, wir erhalten in Abhängigkeit von der Zeit eine Intensitätskurve von verschiedenen Geschmacks- und Fühleindrücken. Der Verkoster unterscheidet daher gern in den Antrunk (= der erste Eindruck), den Haupttrunk sowie den Abgang (= der Eindruck, der nach dem Entleeren des Bieres aus dem Mundraum entsteht). Für die Qualität des Bieres ist diese zeitliche Abfolge sehr wichtig. Ist bereits der erste Eindruck schlecht oder überraschend, prägt das die gesamte Beurteilung nachhaltig. Und haben wir Probleme im Abgang, zum Beispiel durch eine nachhängende kratzige Bittere, regt das Bier nicht zum Weitertrinken an – sprich, der Konsument kauft sich kein zweites mehr.

ZUSAMMENFASSUNG

Bier ist ein wahres Geschmackswunder. Die Variationsbreite ist unendlich. Mit der Wahl des richtigen Bierglases ist perfekter Genuss garantiert. Die Bewusstmachung der vielen Zahnrädchen, an denen der Braumeister drehen kann, wertet das Volksgetränk Bier auf und macht es zu einem wahren Genussprodukt. Bei Bier findet jeder seine geschmackliche Heimat, wer sie noch nicht gefunden hat, hat noch nicht alle Bierstile probiert! 🌿

Glossar:

Adstringenz

Das pelzige, bittere Gefühl, das auch als Zusammenziehen wahrgenommen werden kann wie z. B. beim Biss in eine Bananenschale.

Brettanomyces

Ein wilder Hefestamm, der nicht nur sehr trockene Biere erzeugt, sondern ein typisch ledrig-schweißiges Aroma nach „Pferdedecke" erzeugt (Brett-Biere).

Entspelzen

Die meisten Getreidekörner sind von einer äußeren Haut umgeben, den sogenannten Spelzen. Diese zu entfernen, kann geschmackliche Vorteile bringen.

Enzyme

Chemische Moleküle, die ein Lebewesen selbst bilden kann und die wie Werkzeuge arbeiten. Sie können z. B. große Stärkemoleküle zerschneiden und in kleinere Zuckermoleküle zerlegen oder Aminosäuren aus Eiweißmolekülen bilden.

KIESBYE

WALDBIER 2015: FICHTE

Warum ist eigentlich nicht früher schon jemand auf die Idee gekommen, mit Fichtenharz zu brauen? Kiesbyes Waldbier wird in Zusammenarbeit mit der Trumer Brauerei hergestellt, das Harz stammt aus Traunstein. Waldhonig, Orange, dazu die dezenten, harzigen Fichtenaromen und eine leichte karamellige Süße.

MALZ	●●●●○
AROMA	●●●○○
BITTERE	●○○○○
HEFE	○○○○○

BIERGATTUNG: Strong Ale
GÄRUNG: obergärig
ALKOHOLGEHALT: 7,20 % vol.
STAMMWÜRZE: 15,40° Plato
IBU: 17

Zutaten: Wasser, Gerstenmalz (Karamell-Malz), Hopfen (Aurora) , Fichtenharz

WALDBIER

2015: FICHTE

In freundschaftlicher Kollaboration mit den Österreichischen Bundesforsten hergestellt. Das Baumharz wurde in Fichtenwäldern der bundesforste am Traunstein beim Traunsee (OÖ) gesammelt. Für dieses Bier habe ich ein besonderes Werkzeug eingesetzt: die menschliche Hand! So kann aus kostbaren natürlichen Ingredienzen ein unnachahmlicher Genuss entstehen. Ihr Axel Kiesbye

Bier selbst Brauen – eine Anleitung

DAS EIGENE BRÄU

VON BORIS GEORGIEV

Craft-Beer-Konsumenten sind ja per se interessierter an ihrem Getränk als Otto Normalbiertrinker. Sie besuchen Veranstaltungen, gehen in Fachgeschäfte und trinken in Bars mit reicher Auswahl. Sie tauschen sich untereinander aus oder machen sich Verkostungsnotizen.

enn man sich mit Bier intensiv auseinandersetzt, kommt früher oder später auch der Gedanke auf, es mal selbst zu brauen. Vor vielen Jahren hatte ich zu Hause ein Tasting, bei dem ein Brauer anwesend war. Der sagte zu mir: „Du hast so viel Ahnung von Bier, aber ein Baustein fehlt dir: Du weißt nicht, wie man es braut. Komm mal vorbei, ich zeige dir das." So bin ich mit einem Freund zur Brauerei gefahren, und wir haben in einem großen Kochtopf auf einem Gasbrenner gebraut. Eine Woche später hat mein Freund zum ersten Mal selbst gebraut, ich zwei Wochen später. Und ich bin dabei geblieben. Mittlerweile habe ich selbst unzählige Braukurse gegeben und bin Inhaber der wohl kleinsten gewerblichen Brauerei Deutschlands. Was aber viel wichtiger ist: Dadurch, dass ich den Brauprozess kenne und verstehe, kann ich viel fundierter Biere beurteilen. Nicht mehr nur sagen „schmeckt", sondern „schmeckt, weil ...".

Selbst zu brauen ist gar nicht so schwer. Natürlich lernt man es am besten in einem Kurs, wie ihn schon zahlreiche Volkshochschulen anbieten. Zudem haben viele Brauereien Kurse im Angebot. Aber auch mit der folgenden Schritt-für Schritt-Anleitung kommt man zu einem leckeren Bier. Rezepte finden sich zahllose im Internet oder in der entsprechenden Fachliteratur, hier kommt eines zum Einsatz, das ich sehr gern verwende. Die Menge bezieht sich auf fünf Liter, kann aber problemlos hochgerechnet werden, falls eine 100-Liter-Gulaschkanone vorhanden sein sollte. Oder runter, sollte der Single-Haushalt nur über einen kleinen Topf verfügen. Dabei bitte bedenken: Im Topf braucht es mindestens ein Drittel mehr Platz, als Bier produziert werden soll. Wenn ich einen Neun-Liter-Topf habe, kann ich darin maximal sechs Liter brauen.

> **Bevor wir loslegen, noch ein Wort zu den rechtlichen Aspekten:**
> Jeder Haushalt darf pro Jahr 200 Liter Bier zum nichtkommerziellen Eigenbedarf brauen. Das ist ein Entgegenkommen des Staates, denn eigentlich ist Bier steuerpflichtig. Na ja, vermutlich hat der Staat bloß keine Lust, die 2,23 Euro Biersteuer von Tausenden Hobbybrauern einzutreiben. Jedenfalls ist im Vorweg die Absicht, als Hobbybrauer tätig werden zu wollen, dem zuständigen Hauptzollamt anzuzeigen. Das geht formlos („Ich beabsichtige, dieses Jahr als Hobbybrauer tätig zu werden. Ich werde nicht mehr als 200 Liter brauen und diese nur zum nichtkommerziellen Eigenbedarf herstellen.") und sollte recht zügig genehmigt werden. Dann sind wir auf der sicheren Seite und können starten.

Bekanntlich braucht es zum Brauen vier Zutaten, nämlich Wasser, Malz, Hopfen und Hefe. Ich benutze immer ein paar mehr wie Kräuter, Früchte oder Gewürze, doch dazu später Ausführlicheres.

Schauen wir uns die Hauptzutaten mal genauer an ...

WASSER

Das nehmen wir so, wie es aus der Leitung kommt. Eine Wasseraufbereitung wie in Großbrauereien haben die meisten Craft-Brauereien auch nicht. Die Eigenschaften des Wassers haben Einfluss auf den Biergeschmack, besonders der Härtegrad. Darum kommen
aus Tschechien sanfte Lager (weiches Wasser) und aus Dortmund Export (hartes Wasser). Es schadet nicht, mal beim Wasserwerk nachzufragen, auch wenn wir nichts daran
ändern können.

MALZ

Damit ist in der Regel Gerstenmalz gemeint. Ansonsten kann jedes Getreide verwendet
werden, das bekannteste andere ist Weizen. Das Getreide wird angefeuchtet und zum Keimen gebracht. Hierdurch werden Enzyme aktiviert, die später die Arbeit für uns machen,
nämlich Stärke in Zucker umzubauen. Dann wird das Getreide getrocknet, „gedarrt" sagt
der Fachmann. Je nachdem, bei welcher Temperatur das geschieht, bekommt das Malz
eine andere Farbe. Wie wenn man ein Stück helles Fleisch anbrät: Mit der Zeit wird es
immer dunkler, bis es irgendwann schwarz verkohlt ist. Auch beim Malz gibt es all diese
Farben bis hin zu schwarzem Röstmalz. Je nachdem, welche Malze wir verwenden, wird
unser Bier heller oder dunkler und milder oder kräftiger. Für ein Pils nimmt man nur
das hellste, das passenderweise „Pilsener Malz" heißt. Für ein Stout nimmt man eine Mischung aus verschiedenen Malzen und fügt einen kleinen Anteil (ca. 5 %) Röstmalz hinzu.
Unsere Malzmischung bestimmt also die Farbe und den Geschmack des Bieres, je dunkler,
umso intensiver. Mit der Malzauswahl errichten wir sozusagen das Baugerüst unseres Bieres. Vor der Verwendung muss das Malz geschrotet werden, dazu gibt es spezielle Mühlen.
Man kann es aber schon geschrotet im Internet bestellen. Und wer eine kleine Brauerei
in der Nähe hat: Einfach mal nett anfragen, die hilft bestimmt.
Wenn wir unserer Mischung fünf Prozent Sauermalz zufügen,
freut sich das Bier, das mag es nämlich lieber etwas saurer, als der
pH-Wert des Wassers ist.

**Das Biermalz in seinem „Rohzustand".
Es lässt sich auch geschrotet beziehen
und ist so sehr leicht zu verarbeiten.**

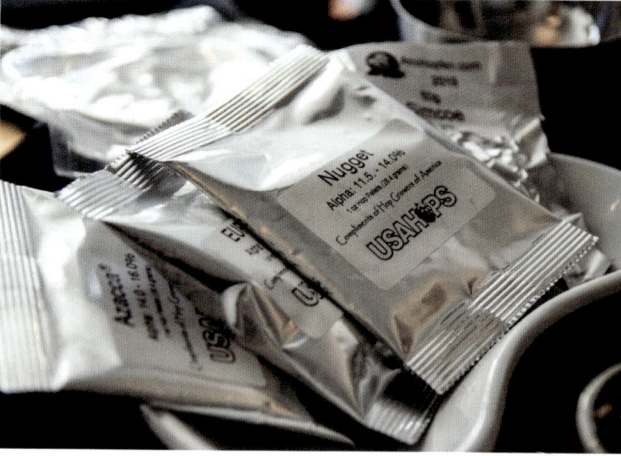

Den Hopfen kann man in unterschiedlicher Form beziehen. Am leichtesten zu handhaben sind in kleinen Mengen portionierte Pallets, die im Kühlschrsnk lange haltbar sind.

HOPFEN

Derzeit gibt es circa 300 Hopfensorten, und jährlich kommen einige Neuzüchtungen hinzu. Nur die weiblichen Pflanzen bilden die Dolden aus, die zum Brauen verwendet werden. Am Ende jedes Doldenblattes sitzt ein gelblich-orangefarbener Punkt. Das ist das Lupulin, in dem ist alles, was die Wirkung des Hopfens ausmacht: Alphasäure, die das Bier bitter macht, und ätherische Öle, die für das Aroma sorgen. Man unterscheidet Bitter- und Aromahopfen. Ersterer hat viel Alphasäure (deutlich über 10 bis hin zu 20 %), besitzt aber nicht so viele ätherische Öle. Beim Aromahopfen ist es umgekehrt. Wenig Alphasäure, dafür viele ätherische Öle. Es gibt aber schon Sorten, die viel Alphasäure und viele ätherische Öle haben (der eierlegende Wollmilchhopfen sozusagen). Craft-Beer-Trinker wissen natürlich, welch wunderbare Aromen im Hopfen stecken. Die riesige Auswahl an Sorten ist unser Kreativbaukasten, die Spielwiese, auf der wir uns austoben können.

Zusammenfassend und vereinfacht gesagt: Mit der Wahl des Hopfens bestimmen wir, welche Aromen unser Bier hat. Die Menge und Kochdauer beeinflusst die Bitterkeit.

HEFE

Die Begriffe ober- und untergärig hat sicher jeder schon mal gehört. Ist eigentlich ganz einfach: Bei obergäriger Hefe bilden die Zellen Verbände, unter die die entstehende Kohlensäure greifen kann, die Hefe schwimmt daher oben. Untergärig sind die Verbände zu klein, als dass das CO_2 sie hochtreiben könnte, sie bleibt am Boden liegen, also unten. Was macht die Hefe? Ganz simpel gesagt, frisst sie Zucker, pupst CO_2 und pinkelt Alkohol. Sie sorgt letztlich dafür, dass aus Zuckerwasser Bier wird. „Zuckerwasser" klingt jetzt etwas herablassend für das Produkt, an dessen Fertigstellung der Brauer stundenlang gesessen hat. Aber man kann tatsächlich einen Topf Wasser nehmen, Zucker da-

Untergärige Biersorten: Pils, Lager, Export, Helles, Dunkles, Bock, Schwarzbier.

Obergärige Sorten: Weißbier, Kölsch, Alt, Stout, Porter und alle Ale-Sorten (das sind gefühlt 200).

rin auflösen und Hefe zugeben – man bekommt ein alkoholisches Getränk. Weil das zwar wirkt, aber nicht sehr schmackhaft ist, nehmen wir die Mühe auf uns und brauen Bier. Die meisten Hobbybrauer brauen obergärig, weil es einfacher ist. Obergärige Hefe braucht Temperaturen zwischen 15 und 20 °C. Die haben wir beispielsweise im Keller. Untergärige Hefe braucht Temperaturen unter 10 °C, da müssen wir viel Platz im Kühlschrank schaffen oder auf das richtige Wetter warten. Zudem arbeitet obergärige Hefe auch schneller, wir sparen also Zeit.

Nachdem wir jetzt alle Zutaten kennengelernt haben, brauchen wir noch ein paar Gerätschaften. Die lassen sich fast alle im Haushalt finden:

» großer Kochtopf (9 Liter), kleiner geht natürlich, aber wir wollen doch gern mehr als zwei Flaschen Bier produzieren. Übrigens: Ein Einkochautomat ist hervorragend zum Brauen geeignet. Damit schafft man um die 17 Liter. Und die Heizplatte samt Thermostat ist schon drin.

» Kochtopf, der 5 Liter fasst

» großes Gefäß, das mindestens das Fassungsvermögen des großen Topfes hat (dritter Topf geht natürlich auch)

» Herd oder, wenn unser Topf größer ist, einen Paella- oder Hockerkocher

» Kochlöffel, der lang genug ist, um am Topfboden zu rühren

» Digitalthermometer (Bratenthermometer), idealerweise mit Temperaturfühler am langen Draht und eingebautem Timer

» Nudelsieb und Stoffwindel (oder ein Stoff, eine Gaze von ähnlicher Beschaffenheit, Gardine geht ganz gut), notfalls tut es stattdessen auch ein engmaschiges Durchschlagsieb

» Waage, möglichst grammgenau

» Messbecher

» Schöpfkelle

» Würzespindel, um die Stammwürze zu messen und den Alkoholgehalt auszurechnen (die wird sich im Haushalt vermutlich nicht finden, gibt es für ca. 8 Euro im Internet, gleich den Spindelzylinder für 3 Euro mitbestellen)

» Hopfensieb, gibt es ebenfalls im Internet (alternativ geht notfalls auch eine Nylonstrumpfhose mit viel den)

» Handtuch (kann nie schaden, ich sag nur „42")

» Topfschwamm, neu, zum Reinigen

» genügend leere Flaschen mit Bügelverschluss. Am besten selbst austrinken, anschließend gleich mit Wasser ausspülen, über Kopf trocknen lassen und über Kopf in die Kiste stellen, dann kann nichts reinfallen.

» evtl. 1,5 Meter Silikonschlauch zum Hopfenseihen und Abfüllen

Dann kann es losgehen, hier zunächst das Rezept für fünf Liter Ale mit circa 7% Alkohol.

Zu stark? Im Rezept steht auch, wie wir es verdünnen können. Die unverständlichen Ausdrücke (Einmaischen, Läutern etc.) werden an entsprechender Stelle erklärt. Die Arbeitsschritte sind fett geschrieben, die Erläuterungen normal. Einige Bezugsquellen für die Zutaten stehen am Ende.

REZEPT FÜR EIN STRONG ALE

» Wasser: 6 Liter Hauptguss + 4 Liter Nachguss

» 850 g Pilsener Malz
» 700 g Münchener Malz
» 220 g Wiener Malz
» 50 g Cara hell
» 70 g Sauermalz, alle Malze geschrotet

» Hopfen (Pellets Typ 90): 5 g Cascade mit 7,8 % Alphasäure (1. Hopfengabe)
  + 3 g Cascade (2. Hopfengabe) + 5 g Cascade (Nachhopfen)

Wenn der Cascade eine andere Prozentzahl aufweist, können wir die mittels Dreisatz umrechnen. Oder wir gucken bei www.fabier.de, auf der tollen Seite gibt es „verschiedene Berechnungen rund ums Selbstgebraute", bei denen man nur die Zahlen einsetzen muss. Auch andere Hopfensorten können wir verwenden oder eine Mischung aus verschiedenen. Wie gesagt, hier ist unsere kreative Spielwiese.

» Hefe: Safale 04; vom 11-g-Tütchen brauchen wir nur 1 bis 2 Gramm
» Traubenzucker: 8,5 g pro Liter für die Flaschengärung

Nach Belieben: Früchte, Gewürze, Kräuter, Kaffee, Blüten ... Diese Zutaten sind mengenmäßig nur schwer anzugeben. Wir müssen hier einfach ausprobieren. Für den Zeitpunkt der Zugabe orientieren wir uns an Kochrezepten: Gewürze wie Zimtstange, Sternanis oder Nelke müssen eine Weile mitkochen, frische Kräuter geben wir kurz vor Kochende zu, ebenso Früchte. Viele geben die Früchte auch erst zur Gärung hinzu, einmal kurz abkochen kann aber sicher nicht schaden.

Vor diesem Brauvorgang wurde das Malz mit einer Malzmühle selber geschrotet. Betreibt man diese mit einer Bohrmaschine, so lassen sich auch größere Mengen Malz komfortabel verarbeiten.

LOS GEHT'S:

1. Einmaischen bei 55 °C, 10 min Rast

„Einmaischen" bedeutet, dass wir unser Malzschrot in den Topf mit 55 °C heißem Wasser (die 6 Liter Hauptguss) rühren. Dabei Klümpchen möglichst vermeiden, bzw. diese mit dem Kochlöffel zerdrücken. Rast: Heizquelle ausstellen, nichts tun.

2. Aufheizen auf 63 °C, 50 min Rast

Aufheizen mit ca. 1 °C pro Minute. Dabei gründlich umrühren, besonders am Topfboden, damit nichts anbrennt. Wichtig: Die Gründlichkeit ist das Entscheidende, nicht die Geschwindigkeit. Bei der langen Rast kann es nicht schaden, wenn wir nach 20 Minuten mal die Temperatur kontrollieren und gegebenenfalls nachheizen. Hier sind die Enzyme besonders wirksam, die Beta-Amylase heißen und vergärbare Zucker produzieren, aus denen die Hefe den Alkohol macht.

3. Aufheizen auf 71 °C, 30 min Rast

Siehe oben. Diese Temperatur mögen die Enzyme besonders gern, die Alpha-Amylase genannt werden und nichtvergärbare Zucker produzieren, die unser Bier vollmundig machen.

4. Aufheizen auf 78 °C, 10 min Rast

Siehe oben. Wichtig: Die Temperatur darf keinesfalls höher als 78 °C sein.

Das Malzschrot wird in das erhitze Wasser gegeben. Um die Temperatur während der Rasten gleichmäßig zu halten, muss viel gerührt werden und ständig das Thermometer im Blick gehalten werden.

> **(!)** Wir sehen also, ob wir 3 Liter brauen oder 300 Liter, diese Zeiten sind immer gleich, Bier brauen dauert halt 5 bis 6 Stunden.

5. Nachguss vorbereiten

Die vier Liter im zweiten Topf auf 78 °C erhitzen.

6. Läutern

Das Feste vom Flüssigen trennen. Bier wird zwar als flüssiges Brot bezeichnet, aber wir wollen es doch lieber trinken als kauen. Hierzu hängen wir unser Nudelsieb in das zweite Gefäß, Windel als Filter rein und mit einer Kelle den Topfinhalt auf die Windel geben. Das Läutern dauert ca. 10 bis 15 Minuten. Wenn kaum noch was tropft, sind wir fertig. Wir können den Treber, wie die festen Bestandteile nun genannt werden, gern probieren, der ist süß und lecker. Anschließend den Windelinhalt wieder in den Kochtopf kippen.

7. Nachguss

Im Treber ist noch immer viel Zucker, wie wir beim Probieren eben festgestellt haben. Den wollen wir rauswaschen. Dazu gießen wir unsere 4 Liter heißes Wasser in den Topf und rühren ein wenig um.

8. Läutern

Und weil es so schön war, das Ganze noch mal wie oben beschrieben. Wenn wir den Treber jetzt probieren, ist er kaum noch süß. Da haben wir alles richtig gemacht. Unser Kochtopf muss nun gründlich gereinigt werden. Heißwasser und Schwamm genügen, keinesfalls Spülmittel nehmen. Anschließend gießen wir die ganze Flüssigkeit in den Topf. Der Treber hat nun ausgedient, man kann ihn entsorgen oder dem nächsten Bauern bringen, er ist prima Viehfutter.

9. Stammwürze messen

Jetzt kommt unsere Neuanschaffung ins Spiel. Wir nehmen etwas von der Flüssigkeit ab und gießen sie in den Spindelzylinder. Dann die Spindel reinstecken und den Wert ablesen. Unsere Spindel ist auf 20 °C geeicht, also die Temperatur messen und die Werte bei www.fabier.de eingeben. Der korrigierte Wert sollte bei 17 liegen.

10. Zum Kochen bringen

Gern mit Deckel, dann geht es schneller. Übrigens erst ab 65 °C.

11. 80 Minuten kochen

und zwar kochen, nicht simmern lassen. Ohne Deckel! Dunstabzugshaube einschalten, da entsteht ganz schön viel Dampf; Alternative: Fenster öffnen (im Winter nicht so angenehm).

12. 1. Hopfengabe

Nach 5 min Kochzeit geben wir 5 Gramm Cascade (oder was wir uns sonst ausgesucht und berechnet haben) hinzu. Diese erste Gabe dient nur der Bitterkeit. Je länger wir kochen, desto mehr Iso-Alphasäure wird aus dem Hopfen gelöst, und die macht unser Bier bitter. Die ätherischen Öle verkochen natürlich bei der langen Kochzeit, dafür gibt es später die

13. 2. Hopfengabe

5 min vor Kochende kommt die zweite Gabe hinzu, 3 Gramm Cascade (oder die Alternative). In der kurzen Zeit können sich die ätherischen Öle aus dem Hopfen lösen, ohne aber zu verkochen. Diese zweite Hopfengabe gibt dem Bier die schönen Aromen.

14. Kochende

Herd aus.

15. Whirlpool

Wir nutzten nun die Physik: Wenn ich eine Tasse Tee mit losen Blättern umrühre, sammeln sich diese unten in der Mitte. Genau das machen wir jetzt. Mit dem Kochlöffel rühren wir kreisförmig den Topfinhalt um, sodass ein ordentlicher Strudel entsteht. Aufpassen,

Nach 5 Minuten geben wir das erste Mal Hopfen hinzu (hier als grünliche Ablagerung zu erkennen). Die folgenden Minuten sind entscheidend für die spätere Bittere des Biers.

dass nichts überschwappt – Verbrühungsgefahr! Dann warten wir 20 Minuten. Der Hopfen, Eiweißreste, Mehl etc. sammeln sich als sogenannter Trubstoffkegel unten in der Topfmitte. Dieser Kegel ist sehr instabil, also beim nächsten Arbeitsschritt nicht gegen den Topf stoßen. Und diesen natürlich nicht bewegen.

16. Hopfenseihen

Unsere zweite Neuanschaffung kommt ins Spiel, das Hopfensieb. Wir befestigen es unterhalb des Topfes über dem großen Gefäß (oder dem zweiten Topf). Nun haben wir zwei Möglichkeiten: Entweder wir schöpfen mit einer Kelle die Würze (so der Fachausdruck für unser „Zuckerwasser") in das Sieb und achten dabei darauf, möglichst wenig zu kleckern, das ist nämlich ganz schöner Klebkram. Oder wir nutzen erneut die Physik und saugen die Würze mit einem Schlauch an (kennen wir vom Aquarium). Dazu ein Schlauchende oben in die Würze stecken, am anderen Ende ansaugen, wozu wir tiefer als das Ende im Topf sein müssen. Dann das Ansaug-Ende in das Sieb stecken und den Schlauch im Topf langsam nach unten führen. Eine Wäscheklammer am Schlauch hilft, denn der ist ganz schön heiß. Bei beiden Methoden versuchen wir, uns vom Trubstoffkegel fernzuhalten und so klar wie möglich umzufüllen. Irgendwann werden aber Trubstoffe in Kelle oder Schlauch landen, dann sollten wir den Vorgang beenden.

17. Stammwürze messen

Nun ermitteln wir die finale Stammwürze (SW) und gehen dazu wie oben beschrieben vor. Sie sollte bei 18° liegen. Sollten wir ein weniger kräftiges Bier wünschen, können wir mit abgekochtem Wasser verdünnen, auch dazu bietet www.fabier.de eine Formel.

> **! Alkoholgehalt:**
> Stammwürze durch 3 teilen und 1 addieren
> (Beispiel: SW ist 18 : 3 + 1 = 7 % Alkoholgehalt).
>
> Das ist nicht vollkommen exakt,
> aber genau genug.

18. Hefe anstellen

Wir nehmen etwas von unserer Würze ab, ca. 30 bis 50 ml. Wenn die auf 18 °C abgekühlt sind, können wir die Hefe zugeben. Eine normale 11-g-Tüte reicht für 20 bis 30 Liter Bier, wir wiegen daher je nach der Menge, die wir gebraut haben, etwas von der Hefe ab. Der Rest wandert in der gut verschlossenen Tüte in den Kühlschrank fürs nächste Mal. Wir streuen die Hefe auf die Würze und rühren sie kräftig mit einem kleinen Schneebesen unter. Nach wenigen Stunden bildet sich ordentlich Schaum, dann gelegentlich noch mal rühren.

19. Kühl stellen

Wir versehen unser Gefäß mit der Würze direkt nach Brauende mit einem Deckel und stellen es in den Keller. Wenn der Inhalt eine Temperatur von 18 bis 20 °C erreicht hat (das dauert je nach Menge über Nacht oder bis zum nächsten Abend, im Winter können wir zum Beschleunigen den Topf rausstellen), können wir die

20. Hefe zugeben

Wir nehmen das Gefäß mit der angestellten Hefe und rühren den ganzen Inhalt in den Gäreimer. Dabei ordentlich quirlen, die Hefe braucht zunächst Sauerstoff zum Arbeiten.

Nun müssen wir darauf achten, unser Gefäß nicht hermetisch zu verschließen, denn neben Alkohol erzeugt die Hefe auch Kohlensäure, und die muss entweichen können. Beim Kochtopf den Deckel draufsetzen reicht. Einen halben Tag später sollte sich schon ordentlich Schaum im Topf gebildet haben. Nach vier oder fünf Tagen ist die Gärung beendet. Das können wir auf verschiedene Weise feststellen: Ist kaum noch Schaum auf der Oberfläche zu sehen, dann hat die Hefe ihre Arbeit getan. Oder wir nehmen unsere Spindel. Wir haben ja die finale Stammwürze ermittelt. Diesen Wert teilen wir durch drei. Wenn die Spindel nur noch dieses Drittel anzeigt, ist die Gärung beendet.

21. Nachhopfen

Jetzt kommt der große Zaubertrick der Craft-Beer-Brauer: Nach Ende der Gärung geben wir nochmals Hopfen dazu, die bei den Zutaten aufgelisteten 5 Gramm Cascade. Oder auch 10 Gramm. Hier gilt: Viel hilft viel. Die ganz feinen Aromen des Hopfens können sich nun lösen und dem Bier dessen unvergleichliche Noten von Zitrus, Grapefruit, Mango und Ähnlichem geben. Bitterer wird es durchs Nachhopfen nur marginal. Wir geben unserem Hopfen eine Woche Zeit, sich zu entfalten.

Die einfachste Methode, das eigene Bier abzufüllen: Bügelflaschen und
ein Trichter reichen dafür aus – nur schäumen sollte es nicht.

ABFÜLLEN

1. Flaschen sterilisieren

Die sauberen Flaschen stellen wir bei 120 °C für 20 bis 30 Minuten in den Backofen. Früh
genug anfangen, damit sie Zeit zum Abkühlen haben.

2. Hopfenseihen

Der Hopfen, der die Aromen ins Bier gezaubert hat, muss nun wieder entfernt werden.
Dazu gehen wir vor wie oben beschrieben.

3. Zucker zugeben

Wir wollen ja Kohlensäure in unserem Bier haben. Die, die bei der Gärung entstanden ist,
hat sich aber verdünnisiert. Daher arbeiten wir nun mit einer Flaschengärung und geben
pro Liter 8,5 Gramm Traubenzucker hinzu. Der löst sich gut auf, wenn wir ihn mit dem
Schneebesen unterquirlen.

4. Flaschen füllen

Es kann nicht schaden, ein Tablett als Kleckerverhinderer unterzustellen. Hier haben wir
verschiedene Möglichkeiten. Im elegantesten Fall besitzen wir bereits einen Gäreimer mit
Ablaufhahn. Daran schließen wir ein Abfüllröhrchen an, das es für wenige Euro im Internet gibt. Unten hat es ein Ventil. Hahn aufdrehen, Flasche von unten über das Abfüllröhrchen stülpen. Bei Bodenkontakt öffnet sich das Ventil, und das Bier fließt schaumfrei von

unten nach oben in die Flasche. Wenn diese voll ist (etwas Feingefühl ist hier gefragt, aber das hat man schnell raus), Flasche senken, um den Durchfluss zu stoppen. Flasche schließen und mit der nächsten fortfahren, bis alles abgefüllt ist.

Ohne Eimer und Röhrchen geht es auch, entweder mit Trichter und Kelle, das hat aber den Nachteil, dass es ordentlich schäumt und das Abfüllen dadurch recht langwierig ist. Oder wir greifen wieder auf die Physik zurück und nutzen den Schlauch, der schon beim Hopfenseihen zum Einsatz kam. Ansaugen und bis auf den Boden in die Flasche stecken. Wenn die Flasche voll ist, einfach den Schlauch knicken und in die nächste Flasche stecken. Das klappt mit etwas Übung sehr gut.

5. Warten

Das ist der schwierigste Arbeitsschritt, denn unser Bier muss nun einige Wochen im Keller nachgären und reifen. Vier Wochen mindestens, besser sechs. Und in der Zeit können wir gar nichts tun. Eins nur: Nach ein, zwei Tagen können wir eine Flasche mal leicht anzischen, also den Bügelverschluss ganz leicht öffnen. Ist ein leises Zischen zu hören, ist alles in Ordnung. Zischt es sehr laut, sollten wir auch die anderen Flaschen entlüften und die Kontrolle nach zwei Tagen wiederholen. Theoretisch könnte sich unser Bier wilde Hefen oder so eingefangen haben, die zu einer unkontrollierten Gärung führen. Das ist zwar extrem unwahrscheinlich, aber dann könnte es sogar passieren, dass die Flaschen platzen. Daher die Kontrolle. Angsthasen stellen die Flaschen in eine Maurerbütt oder Ähnliches und legen eine Plane drüber. Und dann, eeendlich, nach den Wochen des ungeduldigen Wartens:

6. Trinken

Prost! Das erste eigene Bier ist etwas ganz Besonderes. Genießen wir also den Lohn der Arbeit. Hobbybrauer sind zudem gern gesehene Partygäste …

Und was gibt es Persönlicheres, als jemandem zum Geburtstag oder zu Weihnachten selbst gebrautes Bier zu schenken? 🐚

Adressen

www.fabier.de – Sammlung von zahlreichen nützlichen Formeln zum Brauen

www.hobbybrauer.de – Deutschlands größte Seite von Hobbybrauern. Informationen und Diskussionen rund um den Gerstensaft – von Rezepten, schneller Hilfe bei Fragen und Problemen über Fotos von Brauanlagen bis hin zu Terminen für Hobbybrauertreffen

www.zeugenbraeu.de – die Seite des Autors

www.hobbybrauerversand.de – hier gibt's alles, was der Hobbybrauer braucht. Zahllose Malzsorten, ungeschrotet, geschrotet und sogar Sackware, viele Hopfen- und Hefesorten, Zubehör vom Braupaddel bis hin zur Fünf-Hektoliter-Anlage

www.brouwland.de – Braukits, alle Zutaten, Gasbrenner, gepimpte Edelstahltöpfe mit Auslaufhähnen und ganze Anlagen auch für den semiprofessionellen Bereich bekommt man hier.

www.bierfritze.de – reichlich Auswahl an hochwertigem Brauzubehör

www.hopfen-der-welt.de – spezialisiert auf Hopfen, bietet die Seite neben zahllosen Sorten auch ausführliche Informationen zu jeder einzelnen.

www.craftbeer-magazin.de – erscheint viermal pro Jahr und bietet Informationen rund ums Craft Beer : Brauereivorstellungen, Interviews, Biertests, Buchvorstellungen, Kochrezepte, Termine und vieles andere mehr.

Danksagung

Wir bedanken uns bei all unseren Mitstreitern, Co-Autoren und Protagonisten in diesem Buch, die uns mit Rat und Tat zur Seite standen und die uns faszinierende Einblicke in eine lebendige, stetig wachsende Craft-Szene ermöglicht haben.

Besonderer Dank gilt:

Fritz Wülfing
Ale-Mania, Bonn
www.ale-mania.de

Nina Anika Klotz
Hopfenhelden
www.hopfenhelden.de

Thorsten Schoppe
Schoppe Bräu, Berlin
www.schoppebraeu.de

Christian Dierken
und Mark Hinz
Hopfenreich, Berlin
www.hopfenreich.de

Sven Förster
Försters Feine Biere, Berlin
www.foerstersfeinebiere.de

Migge, Marc, Lukas
und das gesamte Team vom
Craftbeer Corner Coeln, Köln
www.craftbeercorner.de

Thomas Görtz
P+M Getränke, Bad Godesberg
www.pm-getraenke.de

Christian Wolf
Brauwolfs Bierwelt, Dortmund
www.brauwolfsbierwelt.de

Bibliografische Information der Deutschen Nationalbibliothek

Die Deutsche Nationalbibliothek verzeichnet diese Publikation in der Deutschen Nationalbibliografie; detaillierte bibliografische Daten sind im Internet über http://dnb.dnb.de abrufbar.

1. Auflage
ISBN 978-3-667-10921-7
© Delius Klasing & Co. KG, Bielefeld

Konzept, Redaktion und Art Direction:
Feierabend Unique Books, www.peterfeierabend.de
Lektorat: Birgit Radebold
Gestaltung, Satz und Lithografie: Christian Schaarschmidt

Druck: Print Consult, München
Printed in Hungary 2017

Delius Klasing Verlag
Siekerwall 21, D - 33602 Bielefeld
Tel.: 0521/559-0, Fax: 0521/559-115
E-Mail: info@delius-klasing.de

BILDNACHWEIS: Manfred Bernhard: 3 Mitte; Citronenrot: 125; Marlon Feierabend: 25, 48-51, 54-56, 82, 106-109, 111-114; Ole Heinrich: 101; Lutz Jäckel: 94, 96, 98; Axel Kiebye: 127; Mauritius Images/Westend61/ Tom Chance: 92-93; Christian Schaarschmidt: Umschlagabbildung, 3-22, 26-47, 53, 62-76, 80, 85-91, 99, 102, 105, 110, 115-117, 121, 124, 127-142; Wolfgang Simlinger: 118

Achtsam und frei

Blickwinkel für pädagogische Fachkräfte
#Inspirationen#Atempausen#Impulse
#Perspektiven#Reflexion#Vielfalt

Achtsam und frei